# 주식투자로 수익내는 155가지 방법

## 왕초보탈출 ①편

청개구리주식스쿨 대표강사 양순모 지음

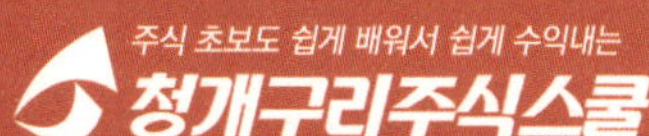

# Contents |목차|

# Ⅰ. 왕초보탈출 1편 – OT

## 1. 주식투자능력 TEST

주식을 처음 접하시거나, 주식을 오래하셨던 분이라도 주식공부에 앞서서 자기 자신에 대해서 알아봐야 합니다.
'지피지기면 백전불태(知彼知己百戰不殆)'라는 말처럼 치열한 주식시장에서 수익을 내며 살아남기 위해서는 주식에 대해 충분히 이해하고 있어야 합니다. 또한, 자기 자신의 수준이 어느 정도인지 확인하고 부족한 부분을 채워나가야 더 큰 승리를 맛볼 수 있습니다.

그래서 처음 청개구리주식스쿨 커리큘럼을 접하시는 분들께서 어느 강의를 들어야 할지, 나의 주식투자능력은 어떤 단계에 있는지를 스스로 체크하고, 자신에게 맞은 커리큘럼을 선택할 수 있도록 도와드리기 위한 레벨테스트를 준비하였습니다. 본격적인 주식 공부에 앞서 지금부터 나오는 15개의 주식 관련 질문에 스스로 답해보시기 바랍니다.

### 레벨 테스트

**Q1.** 나는 9시~15시 30분 정규 시장을 제외한 시간 외 거래시간이 언제인지 알고 있다.

**Q2.** 나는 코스피 시장, 코스닥 시장, K-OTC 시장을 구분 지어 설명할 수 있거나, 코스피 종합지수와 코스피200지수의 차이점을 알고 있다.

**Q3.** 나는 '일봉, 주봉, 월봉, 분봉, 틱 차트'의 용어 중 4개 이상의 용어 뜻을 알고 있다.

**Q4.** 나는 캔들을 통해 당일 시작한 가격과 마지막 가격을 파악할 수 있다.

**Q5.** 나는 봉 차트 외 16개 차트 중 3개 이상의 차트를 활용해 해석하는 방법을 알고 있다.

**Q6.** 투자자에게 제공되는 HTS를 통해 이동평균선 설정, 관심 종목창을 이용할 수 있다.

**Q7.** 나는 기업 분석 기초 자료를 수집하는 방법을 3가지 이상 말할 수 있다.

**Q8.** 나는 내가 보유한 주식 혹은 매수 예정인 종목을 개인, 기관, 외국인 중 누가 매수하고 있는지 파악할 수 있다.

**Q9.** 금액에 따라 자산 배분을 어떻게 해야 효율적인 포트폴리오를 구성하는지 알고 있다.

**Q10.** 나는 거래 중인 기업의 거래가에 대한 고/저가 판단 기준을 3가지 이상의 방법으로 말할 수 있다.

**Q11.** 나는 차트를 보고 작전주, 세력주 등 투자 패턴을 판단할 수 있다.

**Q12.** 나는 보통주와 우선주의 차이점에 대해 설명할 수 있다.

**Q13.** 상한가, 점상한가, 장대양봉 상한가 등의 특징을 보여주는 상한가의 장점과 단점을 파악하고 설명할 수 있다.

**Q14.** 실전 투자 시 매도해야 하는 자리와 매수해야 하는 자리를 판단할 수 있는 매매기법을 3가지 이상 알고 있다.

**Q15.** 나에게 정확히 들어맞는 투자 스타일을 확립하고 있으며, 분명하게 인지하고 있다.

질문에 대해 스스로 답하고 생각하면서 주식에 대한 인식과 본인의 수준을 다시 한 번 정립할 수 있는 시간이 되었길 바랍니다. 주식시장은 산수의 사칙연산처럼 답이 딱 나오는 것이 아닌 '관점'의 차이에 따라서 답이 달라질 수 있기 때문에 시장에 처음 접하시는 개인투자자분들은 주식 시장에 대한 선행 학습이 반드시 필요하다고 말씀드리고 싶습니다. 어렵고 험난한 곳이 주식시장이라지만 그만큼 방법을 알고 나만의 투자 스타일을 정립해 나간다면 수익을 올릴 수 있는 곳도 바로 주식 시장입니다.

청개구리주식스쿨에서 실전 투자에 필요한 방법을 기초부터! 실전까지! 공부하시고, 꼭 성공투자하시길 기원하겠습니다.

## 2. 투자를 배워야 하는 이유

〈 목돈 마련의 꿈 〉

누구에게나 목돈 마련에 대한 꿈이 있다. 목돈을 만들기 위해서 안전하고 확실한 수단은 무엇일까? 많은 사람들이 사업, 창업을 통해 목돈 마련을 원하고 있는데, 과연 몇 명이나 성공할 수 있을까? 창업으로 가장 많이 생각하는 프랜차이즈를 포함하여 2015년 기준 폐업한 자영업자의 수는 8만 9,000명으로 5년 만에 최고치를 경신했다는 통계청의 조사가 있다. 개인사업자수는 560만 명에 육박하지만 이들 전체가 성공하지 않는 것을 보면 사업, 창업으로 목돈을 만들기에는 이제 한계가 왔다는 것을 확인할 수 있다.

그럼 목돈을 마련할 수 있는 다른 방안은 무엇이 있는가? 은행 예 · 적금으로 목돈을 굴리기에도 한계가 있다. 국내 기준금리는 단군 이래 최저 수준을 찍고 있고, 이는 초저금리 시대가 도래했음을 의미한다. 그렇다면 우리의 선택은 무엇이 남았을까? 아직 저평가되어 있다고 평가받는 주식시장이 가장 좋은 선택지 중 하나가 될 수 있다. 주식시장은 대처하기에 따라 사업, 창업보다 더 큰 목돈을 만질 수 있는 기회를 제공해준다.

## 1) 투자의 목적

주식시장에 참여하는 모두가 투자를 통해 얻고자 하는 목적은 각자 다를 것이다.

1. **자산증식**(무위험 자산 + 공격)

2. **자산보존**(인플레이션에서 자산을 보호)

3. **대박추구**(적은 돈으로 큰 돈을 꿈꾸는...)

4. **원금복구**(최적화 매매)

### ① 자산증식(무위험 자산 + 공격)

대부분의 투자자들은 자신의 자산을 더 불리기 위해 투자를 한다. 투자자의 성향에 따라 수익률이 높지만 위험이 큰 위험 자산에 공격적으로 투자하기도 하고, 위험이 낮은 무위험 자산(ex. 국채)에 투자해 낮은 수익만 추구하기도 한다.

## ② 자산보존(인플레이션에서 자산을 보호)

매년 물가가 상승하는 인플레이션으로부터 자신의 자산을 보존하기 위해 주식시장에 투자하기도 한다. 보통 막대한 자산이나 부를 축적한 사람이 자기의 자산을 지키기 위해서 주식시장을 찾는데, 천정부지로 치솟는 물가상승률에 대처하지 못하면 지금 가진 자산(화폐)의 가치가 미래에 줄어들게 되는 까닭이다. 물가상승률에 버금가는, 또는 그 이상의 수익을 주식시장에서 얻어감으로써 가지고 있는 자산의 가치를 계속해서 보존할 수 있다.

## ③ 대박추구(적은 돈으로 큰 돈을 꿈꾸는...) & ④ 원금복구

대부분의 소액투자가들은 적은 돈으로 소위 말하는 대박을 치기 위해 주식시장을 찾는다. 자신이 가진 종자돈을 크게 불리기 위해, 또는 사업이나 투자의 실패를 빠른 시간에 복구하기 위해 주식 시장에 투자하게 된다.

많은 사람들이 수익을 위해 주식시장에 참여하지만 대부분이 놓치고 있는 사실이 있다. 우리나라 물가는 계속해서 상승해왔다. 그만큼 시간이 지남에 따라 화폐의 가치는 줄어들고 있었다는 것이다. 하지만 다른 한편으로 우리 주식시장 또한 크게 성장하고 있다. 100Point로 시작한 KOSPI는 현재 2,000Point를 넘어서고 있다. 물가가 오르고 화폐의 가치가 떨어지게 됨에 따라 자금이 주식시장으로 몰리게 된 결과이다. 지금의 주가지수는 앞으로 더 올라갈 것이고, 화폐의 가치는 더 떨어지게 될 것이다. 그렇기 때문에 우리는 앞으로 내 돈을 지키기 위해, 주식시장에 투자해야 한다.

## 2) 주식투자를 해야 하는 근본적인 이유?

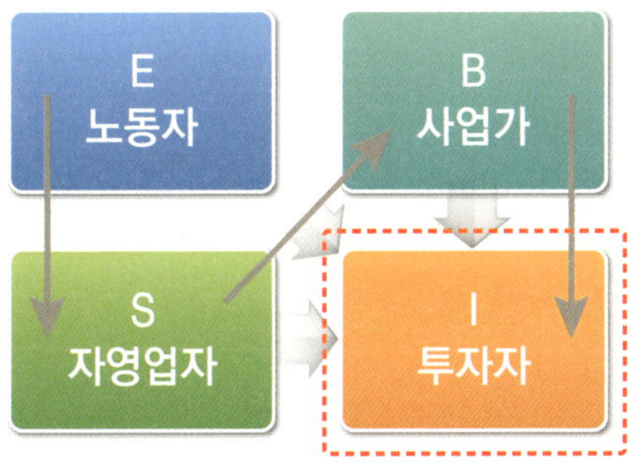


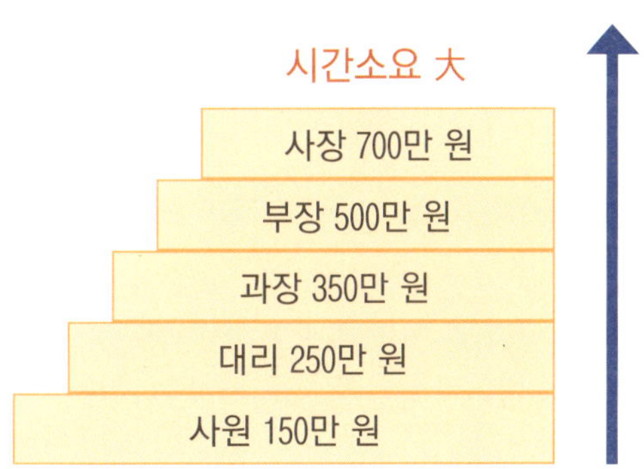


로버트 기요사키는 '부자 아빠 가난한 아빠'에서 4종류의 계층을 만들어냈다. 일반 직장인으로 불리는 노동자는 사업을 하는 자영업자로 가고 싶어 하고, 자영업자는 규모가 큰 기업의 사업가로 성장하고 싶어 한다. 또한, 막대한 자산의 사업가는 투자를 통해 부를 불리는 투자자가 되길 원한다. 최종 목적지에는 투자자가 있고, 사실 어느 단계에 속해도 투자자로 가고 싶어 하는 갈망은 모두 가지고 있다.

대부분 직장인인 여러분들이 높은 직급으로 승진하기 위해서는 시간이 굉장히 많이 소요된다. 하지만 그에 비해 월급 인상률은 물가상승률 수준밖에 되지 않는다. 제자리걸음 수준인 자산으로는 목돈 마련이 결코 불가능하며, 이는 목돈 마련을 위해 투자자 계급인 'I'로 여러분들이 가야만 하는 이유이다.

## 3) 국가가 망하지 않는다면 종합주가지수는 오른다.

우리나라 주식시장은 계속해서 상승해왔다. 100Point로 시작한 KOSPI는 현재 2,000Point를 넘어가고 있다. 하지만 우리나라 주식시장은 아직 저평가 되어있다. 우리와 비슷한 경제 수준을 보이는 홍콩의 지수는 10,000Point를 넘어가고 있다. 우리와 경제 수준이 비슷한 홍콩과 비교해보면 우리의 주가가 얼마나 저평가 되어 있고, 상승할 가능성이 무궁무진한지 알 수 있다.

## 4) 주가가 오르는 진짜 이유

### ① 화폐환상 – 양적완화의 두 가지 부작용 : 저금리, 고물가

국가가 경기 침체에 빠지면 경기를 살리기 위해 양적완화라는 정책을 사용한다. 시중에 돈을 푸는 조치인 양적완화는 경기를 살릴 수 있는 장점이 있지만, 화폐가치가 하락한다는 치명적인 문제점을 가지고 있다. 시장에 돈이 많으면 낮은 이자로 돈을 빌릴 수 있고, 금리가 낮아져 돈을 누구라도 빌려서 쓰게 되면 너무 많은 돈이 시장에 돌아다닌다. 이는 당연히 돈의 가치를 떨어트리고, 상대적으로 물가가 높아지는 현상으로 나타난다. 이를 인플레이션이라한다. 목돈을 마련하고 싶어도 이미 금리는 낮기 때문에 수익이 큰 주식시장으로 사람들이 몰리게 되고, 주가는 상승할 수밖에 없다.

## ② 베이비붐 세대의 은퇴

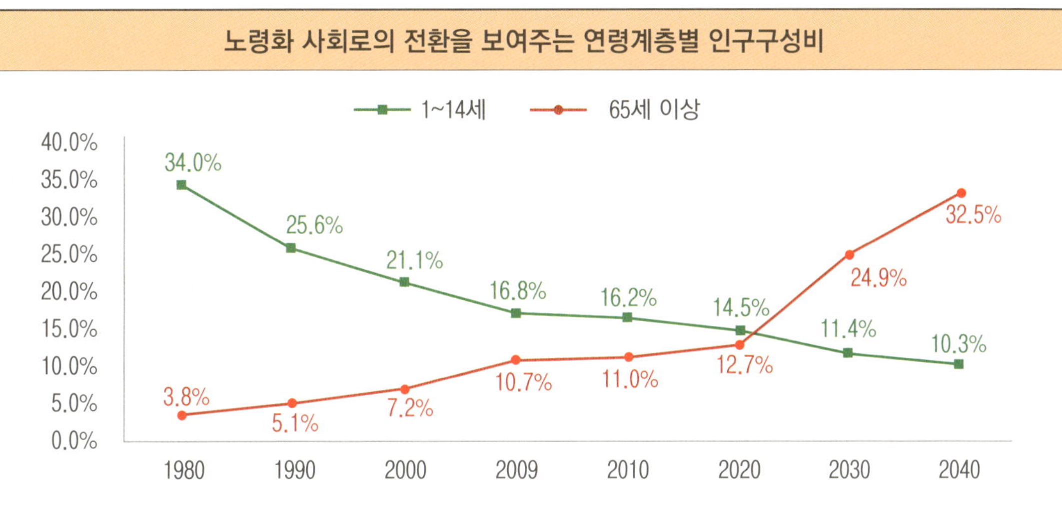


베이비붐 세대의 은퇴시기가 다가오면서 우리 사회는 고령화사회로 진입했다. 고령화사회는 경제 활동 인구가 부양해야 할 노년층의 인구가 늘어나게 된다는 것을 의미하고, 이는 국가 경제의 침체를 가져오게 된다. 은퇴를 맞이한 베이비붐 세대는 평균 수명의 증가로 필요한 연금의 규모는 더 증가하게 된다. 막대한 연금을 지급하기 위해 국가는 돈을 찍어낼 수밖에 없고, 이는 양적완화와 똑같은 효과를 가져오게 된다. 갈수록 수령할 연금은 줄어들고, 화폐의 가치는 줄어들기 때문에 목돈 마련을 위해 주식시장으로 자금이 몰릴 수밖에 없다.

## 5) 여러분은 지금 노후준비를 하고 있습니까?

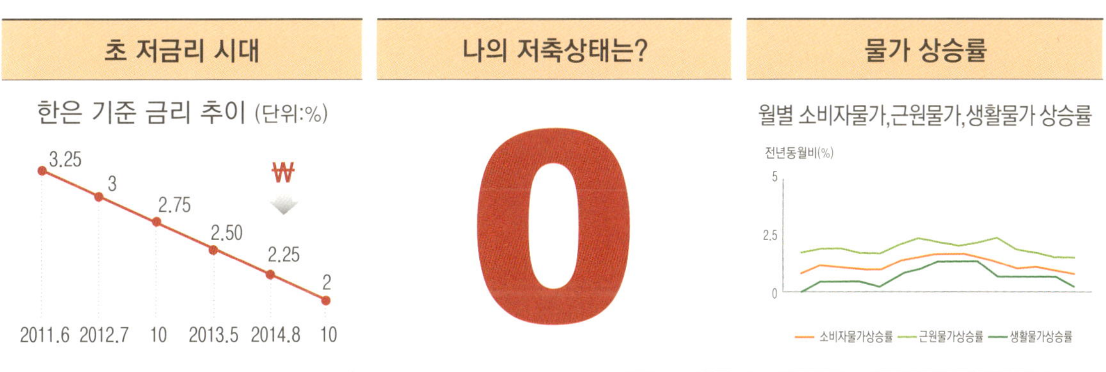


금리는 계속해서 하락하고 있고 물가상승률이 금리보다 높아지고 있다. 지금은 과거처럼 은행 이자로 목돈을 마련하기에는 한계가 도래한 상황이다.

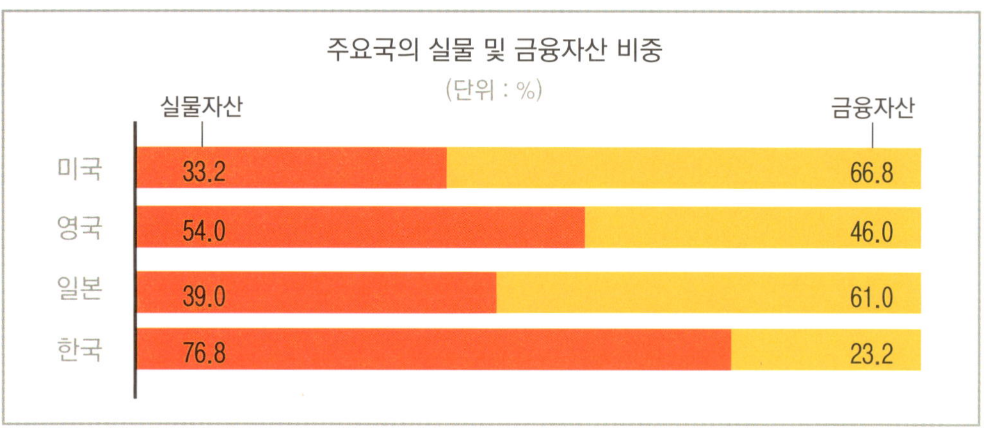


우리보다 고령화 사회가 빨리 다가오고, 화폐가치의 하락을 먼저 맞이한 선진국가 사람들은 금융시장, 즉, 주식시장에 투자함으로써 목돈을 마련하고 있다. 하지만 우리나라 사람들은 아직도 예적금, 부동산 등의 실물자산으로 재테크를 하고 있고, 이는 한계를 맞이할 것이다.

우리나라도 이제 목돈 마련을 위해서는 주식시장으로 투자해야 하고, 주가는 계속해서 상승할 것이다. 주식투자로 목돈마련, 노후준비를 할 시기는 바로 지금이다!

# 3. 주식투자로 왜 돈을 잃을까?

주식을 통해서 수익을 낼 수 있을까? 경제에 대한 해박한 지식을 가지고 있고 이를 이용해 세계 경제 흐름을 이해하고, 예측을 정확하게 할 수 있어야만 주식 투자에 성공할 수 있을까? 실제로 저명한 경제학자들이 주식을 통해 백만장자가 되지 못했던 것을 생각해보면 주식 투자를 할 때, 반드시 해박한 경제 이론이 필요하지는 않다. 단순히 주식시장에서 돈의 흐름을 읽어내고, '돈을 잃지 않는 방법'만 알면 된다. 개인투자자들은 외국인 투자자나 기관 투자자만큼 막대한 정보와 자금을 가지고 있지 못하다. 우리 개미투자자가 이들을 이길 수 없기 때문에 우리보다 정보가 많고 돈이 많은 세력을 이용해 주식 투자를 한다면 좀 더 현명한 투자가 이루어지지 않을까 생각한다. 외국인과 기관이 엄청난 정보를 바탕으로 막대한 자금을 투입한다면 그만한 이유가 있을 것이고, 그 의도를 파악한다면 우리도 함께 따라가며 수익을 이끌어 낼 수 있다.

→ 결국, 돈을 잃지 않는다는 말은 이런 외국인 투자자와 기관 투자자를 이용할 줄 안다는 말로 표현할 수 있다. 이들의 의도에 속지 않고, 과도한 욕심을 꾀하지 않는 것이 주식 투자에서 가장 중요한 덕목이라고 할 수 있다. 이 과정에서 주식 투자에서 범하는 오류, 놓쳤던 부분들을 알고 고쳐야 돈을 잃지 않을 수 있다.

## 1) 투자자들이 모르는 비밀

계좌를 지키기 위해 내가 알아야 한다!

① **예시1** : 원금 1천만 원으로 상한가와 하한가를 연속 경험했을 때의 잔액 변화

먼저, 수익률이 보여주는 오류를 고쳐야 한다. 다음 예시에서 원금 1천만 원으로 주식 투자를 한다고 가정할 때, 투자한 종목이 상한가(30%)를 맞게 되면 1천 삼백만 원으로 잔액이 증가한다. 이후 바로 하한가(−30%)를 맞는다면 원금으로 돌아갈까? 불행하게도 원금 1천만 원보다 적은 금액이 여러분들의 계좌로 돌아온다.

② **예시2** : 원금 1천만 원으로 하한가와 상한가를 연속 경험했을 때의 잔액 변화

반대로 하한가를 맞고, 곧바로 상한가를 경험하면 잔액은 얼마가 될까?
앞의 예시와 똑같이 수익률은 0%이고, 원금에도 못 미치게 된다.

### ③ 예시3

$$10,000,000 \longrightarrow 20,000,000 = +100\%$$
$$20,000,000 \longrightarrow 10,000,000 = -50\%$$

+50%는 어디에…

극단적으로 원금 1천만 원이 100%의 수익을 얻게 되면, 2천만 원이 된다. 이후 50%의 하락을 경험하면 원금인 1천만 원이 된다. 산술적으로 +50%가 사라진 상태이다. 여러분들이 모르고 있었던 수익률의 비밀이 계좌를 깎아먹고 있었고, 수익은 나지만 손실을 보는 상황이 자주 발생하는 것이다.

## 2) 사회에서 성공했던 사람이 주식에서 실패하는 이유

### ① 예시1

| A주식 | B주식 |
|---|---|
| 10,000원 | 10,000원 |
| +30% | +50% |

다음으로 주식 투자를 하는 사람들의 습관과 고정관념을 고쳐야 한다. 다음 예시에서 A주식, B주식이 있다고 가정해보자. 두 주식 모두 10,000원에 샀고, A주식은 30%의 수익, B주식은 50%의 수익이 발생하고 있다. 여러분들은 과연 A주식, B주식 중 어떤 것을 팔 것인가? 사실 A주식, B주식 상관없이 무엇을 팔지는 행복한 고민이다. 하지만 대부분의 사람들이 수익이 많은 B주식을 팔 것이고, 사실 A주식을 팔아도 큰 상관은 없다. 둘 다 큰 수익을 제공해주고 있기 때문이다.

### ② 예시2

| A주식 | B주식 |
|---|---|
| 10,000원 | 10,000원 |
| −10% | −30% |

그렇다면 다음 예시를 들어보자. 이번에도 A주식, B주식이 있고, 모두 10,000원을 주고 샀다. 하지만 A주식은 10% 손실이 나고 있고, B주식은 30%의 손실이 발생하고 있다. 여러분이라면 어느 주식을 팔 것인가? 손실이 나기 시작하면 주식을 파는 결정이 쉽지 않다. 대부분의 사람들이 손실을 입는 것을 수익을 얻는 것보다 싫어하기 때문이다.

③ 예시3

| A주식 | B주식 |
| --- | --- |
| 10,000원 | 10,000원 |
| +50% | −50% |

이번에는 각 주식이 50% 상승했고, 50% 하락했다고 가정해보자. 어떤 주식을 팔 것인가라고 물어본다면 대부분의 사람들은 수익이 발생한 A주식을 팔고, B주식은 그대로 들고 있게 된다. 손실을 싫어하고, 인정하기 싫기 때문이다. 손실이 난 주식은 빨리 팔고 수익이 나고 있는 종목에 올라타 수익을 극대화시켜야 함에도 불구하고, 아쉬움과 미련, 그리고 손실을 인정하고 싶지 않은 마음에 손실이 나는 종목을 그대로 들고 있게 된다. 귤 상자에 썩은 귤이 멀쩡한 귤마저 썩게 만드는 것처럼 아무리 다른 주식들이 수익을 내고 있어도 손실이 나고 있는 주식을 들고 있게 되면 계좌는 절대 커지지 않는다. 썩은 귤은 바로 골라내야 하는 것처럼 자신의 손실, 실패를 인정하고 과감하게 손실 종목을 팔 수 있는 결단력이 필요하다.

## 3) 우리의 주적은 외국인 or 기관투자자인가?

개미투자자의 대부분은 외국인과 기관투자자, 소위 '세력'들에게 당했기 때문에 주식시장에서 손해를 본다고 생각한다. 세력들만 없으면 주식 투자로 수익을 얻을 것 같고, 세력들을 적으로 삼고 전투에 임한다. 하지만 시장에서 외국인투자자, 기관투자자가 정말로 여러분들의 공공의 적일까? 주식시장을 움직이기 위해서는 이런 외국인투자자와 기관투자자의 존재가 굉장히 중요하다. 이들이 가지고 있는 막대한 자금이 시장에서 돌고 돌아야지 주식시장의 규모가 커지고 유동성이 생겨 시장이 성장하게 된다. 이들로 인해 코스피, 코스닥 지수가 올라가고, 자신이 가지고 있는 주식 또한 올라갈 수 있는 것이다. 주식시장에서 여러분들의 적은 외국인과 기관이 아닌 잘못된 투자 습관과 마음가짐을 갖고 있는 바로 '본인'이다.

## 4) 나는 어떤 투자자인가?

**공격**은 방어가 완벽해졌을 때!

주식 투자를 시작하기에 앞서 자신의 상황을 제대로 이해하고 있어야 한다. 자신이 어떠한 성향의 투자자인지를 확인하는지에 따라 투자 전략은 180도 바뀌게 된다. 자신이 어느 정도 손실을 감내할 수 있는 성격인지, 모험을 즐길 수 있는 성격인지 자신의 성향도 살펴 보아야 하고, 자신의 경제적인 제약도 따져 보아야 한다. 예를 들어, 한 달 뒤 전세금을 줘야 하는 상황이 발생한다면, 여유롭게 투자하고 긴 기간을 살펴보아야 성공하는 주식시장에서 하루하루 불안해하며 올바른 투자를 하기가 쉽지 않다. 반드시 주식 투자를 시작하기에 앞서 자신이 가진 투자 성향, 경제적 여건 등을 정확히 판단해야 한다.

## 5) 반복적으로 상기하고, 생각하자.

투자 성향, 문제점으로 발견한 자신의 부족한 점을 계속해서 상기하고, 생각해야 한다. 이를 극복하기 위해 자신이 해야 할 행동에 대해서 끊임없이 고민하는 과정이 필요하다. 주식투자를 통해 공격적인 투자로 성공적인 수익률을 내기 위해서는 자신의 문제점과 잘못된 주식 투자 습관을 고쳤을 때 가능하다.

## 6) 일반인에게 투자는 마이너스 게임이다.

① 예시1

| 구분 | 수익이 발생하는 선택 | | |
|---|---|---|---|
| | 당첨 금액 | 확률 | 기대수익 |
| 복권1 | 10억 원 | 확정 | 10억 원 |
| 복권2 | 25억 원 | 동전 던지기 | 12.5억 원 |

다음 예시를 보면 각각의 복권이 있다. 복권1은 아무런 변수 없이 당첨 금액이 10억 원으로 확정되어 있고, 복권2는 동전던지기를 하여 앞면이 나오면 25억 원, 뒷면이 나오면 0의 이익을 얻는 변수를 가지고 있다. 여러분들이라면 대부분 10억 원을 확정지어주는 복권1을 선택할 확률이 크다. 복권2로 인해 얻을 수 있는 기대수익이 훨씬 큼에도 불구하고 안정적인 10억 원의 수익을 주저 없이 선택해 버린다.

주식시장으로 달리 말하면, 복권1은 작은 수익이 보장된 주식, 복권2는 변동성이 크지만 상승여력이 굉장히 큰 주식이라고 볼 수 있다. 주식투자로 성공한 사람들은 큰 수익이 발생할 수 있는 가능성에 모험을 한다.

## ② 예시2

| 구분 | 손실이 발생하는 선택 | | |
|---|---|---|---|
| | 손실금액 | 확률 | 기대손실 |
| 복권1 | -10억 원 | 확정 | -10억 원 |
| 복권2 | -25억 원 | 동전 던지기 | -12.5억 원 |

정반대의 예시를 들어보자. 예시1과 같은 조건에서 금액만 수익에서 손실로 바꿔보았다. 복권1은 동전의 앞, 뒤와 상관없이 10억 원의 손실, 복권2는 동전 앞면이 나오면 25억 원 손실, 뒷면이 나오면 본전의 조건을 걸었다. 여러분들이라면 어떤 선택을 하겠는가? 대부분의 사람들이 복권2를 선택할 것이다. 복권2에는 본전이 될 수 있는 가능성이 있기 때문이다. 하지만 기대수익을 따져보면 복권1은 10억 원의 손실이 확정적이지만, 복권2는 12.5억 원의 평균 손실이 발생한다. 더 위험한 조건이 복권2임에도 불구하고 대부분이 사람들은 본전의 가능성만을 믿고 선택하는 불상사가 일어난다.

하지만 주식시장이라고 생각한다면 복권1은 손실을 적은 비용으로 확정지을 수 있기 때문에 입는 피해가 제한적이다. 하지만 복권2의 경우 본전이 될 수도 있지만 손실을 입을 경우 받을 피해가 너무 크다. 복권1을 선택한 투자자는 소위말해 '손절매'를 잘한 투자자라고 할 수 있다.

주식으로 큰 성공을 거둔 투자자들은 더 큰 수익이 발생할 수 있는 가능성에 모험을 한다. 비록 그만큼 수익을 내지 못한다 하더라도 기꺼이 도전을 통해 큰 수익을 추구하며, 자신이 받아야 할 손실에 대해서는 냉철하게 받아들이며 최대한 적은 손실로 잘라낼 수 있는 손절매에 적극적이다. 여러분이 마이너스 게임에서 벗어나기 위해서는 모험을 즐기고, 손실을 감내할 수 있는 자세가 필요하다.

### ※ 금융인들이 이야기하는 이솝우화

날지 못하는 작은 병아리가 강을 건너 반대편 목적지로 가려면 하늘을 자유롭게 날아다니는 황새를 따라가서도, 자유롭게 강을 헤엄치는 오리를 따라가는 것도 옳지 않다. 황새처럼 날지 못할뿐더러, 오리처럼 헤엄을 칠 수도 없기 때문이다. 병아리의 선택은 멀지만 강을 따라 목적지를 향해 조금씩 앞으로 걸어가는 수밖에 없다.

주식 시장에 뛰어든 개인투자자들은 병아리와 같다. 외국인투자자처럼 날아서 쉽게 목적지에 도착할 수도, 기관투자자처럼 강으로 유유자적 헤엄쳐 빠르게 도착할 수도 없다. 큰 자금과 정보력을 가진 이들처럼 개인투자자가 쉽게 수익을 낼 수 있다고 생각했다간 실패를 보기 십상이다. 개인투자자는 조금 느리지만 천천히 자신의 목표를 향해 조금씩 나아가는 현명한 지혜가 필요하다.

# 여유자금으로 투자하고, 무리하지 말라.

주식투자를 한다면 한 번쯤 여유자금으로 투자하라는 말을 들어본 적이 있을 것이다.

매수하여 보유하고 있는 종목이 기대와 달리 하락으로 이어질 경우, 대부분의 투자자는 종목을 매도하면서 발생한 손실금액을 복구하기 위해 현재 상승 중인 다른 종목을 매수하거나 손실 중인 종목에 대해서 추가적인 자금투입을 통한 추가매수를 하면서 평균적인 가격을 낮추고자 한다.

문제는 이때 수익으로 전환되지 않고 추가로 손실이 발생할 경우다. 만약 투자금이 모두 종목에 묶여있어 여유자금이 아닌 다른 목적으로 운용하거나 그럴 계획에 있던 자금까지 모두 사용할 경우 투자자가 감당하기 어려운 손실을 입게 된다.

따라서 이러한 위험을 줄이기 위해서는 주식투자 운용자금 부분에 대해서는 위험 발생 시 가계생활에 위협이 되지 않을 정도의 여유자금을 활용한 투자가 선행되어야 하며, 하락 및 상승 구간에서 무리하게 계획에 없던 추가자금을 통한 매매방법은 지양하는 것이 안정적이고, 현명한 투자방법이다.

## 만화로 보는 **투자격언**

친구야, 나도 주식투자 시작했다.
오~ 여윳돈이 좀 생겼나 보네.

운이 좋아서 수익이 쏠쏠해.
초심자가 잘 된다더니 다행이다.

넌 오래해서 잘 하잖아.
잘하긴 뭐. 돈 쓸 일이 생겨서 지난달에 전부 팔았어.

다들 요새 시장이 활황이라고 하던데 안타깝네.
다음에 돈 생기면 다시 시작해야지. 이왕 시작한 거 잘해봐.

몇 달 뒤
점심 먹으러 가자.
너 혼자 가. 나 돈 없어.
밥 먹을 돈이 없어?

주식이 잘 될 것 같아서 있는 돈 몽땅 털어 넣었더니, 손실만 나고 팔리지도 않아서 돈줄이 꽉 막혔어.

'여유자금으로 투자하고, 무리하지 마라'
라는 철칙을 지켰어야지.
이렇게 까지 될 줄 알았나?

주식투자는 기회와 위험이 늘 공존해. 혹시 주식이 위험에 빠져도 생활에는 지장이 없을 정도만 투자해야지.
여유 자금만!

밥은 내가 살 테니까 어서 일어나.
고맙다, 친구야. 너 밖에 없구나.

# Ⅱ. 기초입문교육

## 1. 주식투자 전 알아야 할 증권시장의 이해

### 1) 주식회사의 이해

주식을 이해하기 위해서는 먼저 주식을 발행하는 주식회사를 이해해야 한다.

### ① 주식회사의 기원

- 최초의 주식회사 : 동인도회사(네덜란드, 1602)

세계 최초의 주식회사는 네덜란드의 기업, 동인도회사이다. 동인도회사는 여러 개의 회사를 하나로 통합하여 설립하고 운영하였다. 대항해시대에 전 세계를 누비며 무역을 하기 위해서는 막대한 자금이 필요했고, 원활한 자금 조달을 하기 위해 주식이란 것을 발행하여 투자자들에게 기업 지분을 나누어 주었다. 투자자는 주식을 사며 동인도회사에 자금을 지원했고, 동인도회사가 벌어오는 이익을 자기가 보유한 지분만큼 나누어 가질 수 있는 권리를 얻었다.

| | |
|---|---|
| 무역을 위한 선박 건조 및 항해에 소요되는 막대한 비용 조달 목적 | 주식이 생겨난 최초의 이유는 기업에게 필요한 막대한 자금을 기업 혼자 감당하기 힘들어 외부로부터 원활하게 조달받기 위해서이다. |
| 주식을 발행하여 상인들과 정부가 적극적으로 투자 | 동인도회사가 벌어오는 막대한 수익에 대해서 자신도 나누어 가질 수 있기 때문에 주식 거래는 활발하게 이루어졌다. |
| 회사 설립 후 세계 최초의 주식거래소를 개설하였고 막대한 자금 조달 | 주식이 사고 팔리는 공식적인 공간을 만들었고, 이러한 거래소를 통해서 투자자들은 동인도회사의 주식을 손쉽게 살 수 있었다. |

### ② 주식회사의 특징

- **주주의 유한 책임**
  - 주식을 구입한 주주는 **자신이 투자한 지분만큼만 책임을 진다.** 기업이 망하더라도 자신이 투자한 지분만큼만 손실을 입고, 주식의 가치만 떨어질 뿐, 기업의 부실에 대한 책임을 전혀 지지 않는다.

- **자본의 증권화**
  - 보유하고 있는 주식은 거래가 가능하다. 자금이 필요하다면 가지고 있는 주식을 팔 수 있고, 가지고 있는 지분의 일정 부분만큼 따로 떼어서도 거래가 가능하다. 또한, 기업이 성장하게 되면 가지고 있는 주식의 가치도 함께 늘어나기 때문에 주식은 증권화[1] 되어 있다.

- **소유와 경영의 분리**
  - 주식회사의 가장 큰 특징으로, 주식회사의 주식을 보유한 주주가 회사의 주인이 되고, 이들이 고용한 전문경영인을 통해 기업을 운영한다. 경영 활동에 능한 전문경영인이 기업을 움직이기 때문에 기업의 성장은 더 수월하고, 주주는 기업의 지분을 소유할 뿐, 경영에 관여하지 않기 때문에 원활한 기업 활동이 가능해진다. 물론, 자신이 고용한 전문경영인을 감시하기 때문에 전문경영인은 더욱 열심히 기업을 경영하게 되므로 기업의 성장은 더욱 커지게 된다.

### ③ 주식회사의 장점과 단점

- **장점**
  - 소유권 이전이 용이하다.
  - 전문경영자를 활용한다.
  - 성장에 용이하다.
  - 대규모 자본을 조달하여 집중에 용이하다.

- **단점**
  - 정부의 규제와 요구가 많다.
    - 정부는 주주를 보호해야 하기 때문에 주식회사가 망하지 않도록 끊임없이 감시하고, 각종 규제로 기업을 관리한다.
  - 보안유지가 어렵다.
    - 주식회사는 경영과 관련된 정보를 주주에게 보고할 의무가 있다. 기업 내부 정보가 외부로 나가게 될 가능성이 크기 때문에 정보 보안 유지가 힘들다.
  - 기업 활동에 제약을 받는다.
  - 설립이 복잡하고 제약을 많이 받는다.

---

1 증권화 : 증권이라는 금융수단에 의해 시장을 통해서 거래되는 현상

## 2) 주식회사의 상장

### ① 상장이란?

주식시장에서 주식이 매매될 수 있게 거래소에 등록하는 것으로 주식회사는 상장을 통해 더 보호받고 안정적인 자금 조달을 통해 성장할 수 있다.

### ② 상장의 요건

- 상장하려는 기업은 정보의 비대칭성을 제거하기 위해서 기업공개(IR)를 해야 한다.
  - 기업이 상장하게 되면 자사의 주식이 시장에서 일반 투자자들에 의해 거래가 된다는 것을 의미한다.
  - 일반 투자자들은 기업의 가치, 기업의 정보를 알 수 없기 때문에 기업과 투자자간의 정보의 차이(비대칭성)가 발생한다.
  - 투자자가 합리적인 투자를 할 수 있도록 정보의 비대칭성을 제거하고, 투자자를 보호하고자 금융당국은 상장사에게 기업의 정보가 담긴 기업공개를 요구한다.
  - 기업은 기업공개를 통해서 기업 내부의 자금사정, 기업의 성장성 등 투자자에게 필요한 정보를 제공하게 된다.

- 상대적으로 규모가 큰 기업은 코스피, 작은 기업은 코스닥으로 상장한다.
  - 국내 주식시장은 크게 코스피와 코스닥으로 나뉜다.
  - 자본 규모가 큰 기업은 코스피에서 거래가 되고, 그보다 작은 규모의 기업들은 코스닥에 상장되어 거래가 이루어진다.

- 일정규모와 요건을 갖춘 기업이 거래소에 상장되어야 한다. 주식시장의 건전성을 확보하여 투자자들이 피해를 입지 않도록 하기 위해 상장을 준비하는 기업들은 양적, 질적으로 모두 필요한 요건이 충족되었을 시, 거래소의 승인을 받아 상장을 할 수 있다.

# 3) 주식회사의 자금조달

## ① 상장과 주식 발행의 목적

기업은 성장을 위해 돈이 필요하다. 즉, 기업이 거래소에 상장해서 주식을 발행하고자 하는 가장 주된 목적은 돈이다.

기업은 공장이나 시설투자를 통해 더 많은 재화와 서비스를 생산하고 이를 판매해야 성장할 수 있다. 이때 필요한 공장이나 시설투자자금, 직원들에게 대가를 지불한 임금 등 성장에 필요한 막대한 자금이 소요되는데, 이러한 자금을 가장 쉽게 조달할 수 있는 방법이 주식시장에서 주식을 발행하는 것이다.

## ② 자금조달 방법

기업이 성장하는 데 필요한 투자 자금을 조달할 수 있는 방법은 크게 직접금융과 간접금융이 있다.

- 직접금융 : 증권시장에서 주식이나 채권을 발행
  - 기업이 직접 시장에 나가 자금을 조달하는 방식이다. 제삼자가 개입하지 않고 기업과 투자자 두 주체 사이에서 채권, 주식을 발행하며 기업이 직접 필요한 자금을 확보한다.

- 간접금융 : 은행이나 보험회사와 같은 금융기관으로부터 차입
  - 기업이 은행과 보험회사 같은 막대한 예탁자금을 갖고 있는 금융기관에게 찾아가 자금을 조달하는 방식이다. 일반적인 기업 대출부터 어음, 리스 등도 전부 간접금융의 한 수단이다. 간접금융은 기업에게 상당히 많은 제약이 생기고 필요한 만큼 자금 조달이 힘들다는 단점이 있다.

## 4) 주식의 이해

### ① 증권이란?

기업이 자금을 조달할 때 채권이나 주식을 발행하고 투자자가 이런 증권을 매매하게 된다. 기업과 투자자는 이런 채권이나 주식을 발행하거나 구입했다는 증거가 필요한데 이때 기업의 의무, 투자자의 권리를 나타내는 증거가 증권이라는 증서이다.
※증권 : 돈의 회수나 지급을 확인하는 증서

- **재산적인 가치가 있는 문서이다(주식, 채권).**
  - 주식이나 채권은 기업에 대해 자신의 지분만큼 권리를 행사할 수 있는 자격증서이기 때문에 기업 가치에 따라 충분히 금전적 가치를 가진다.
  - 증권의 자본화에서 살펴봤듯이 기업의 성장에 따라 주식이나 채권의 가치도 함께 성장하고, 증권을 직접적으로 판매할 수 있기 때문에 증권 자체로도 가치를 가지고 있다.

- **일반적으로 증권은 기업이나 국가가 돈(Capital)이 필요해서 발행한다.**
  - 경영에 필요한 투자자금을 확보하거나 정부가 국가를 부양하기 위해 필요한 재정 자금을 확보하기 위해 직접 시장에서 채권이나 주식을 발행해 자금을 조달한다.

### ② 주식은 증권의 한 종류

- 기업이 직접금융으로 자금을 조달할 수 있는 방법은 주식뿐만 아니라 채권, 보험증서, 어음 등 다양하다. 각각의 자금조달 시 이를 증명할 증서가 필요하고, 이러한 증서를 모두 증권이라 부른다. 즉, 주식 발행은 기업이 직접금융으로 자금을 조달하는 하나의 방식이고, 주식은 증권의 한 종류로서 존재한다.

- 주식은 발행회사의 소유지분을 표시하는 유가증권이다. 주식이 다른 증권과 차이점을 갖는 이유는 주식을 보유함으로써 회사의 지분을 가지고 있는 것이기 때문이다. 다른 증권은 회사 경영에 참여할 수 없는 남과 같지만, 주식을 보유한 주주는 회사 주인의 일원으로서 회사에 권리를 표현할 수 있다.

## ③ 주식과 채권의 차이

> **예제)** 내가 창업을 하기 위해 필요한 자금을 친구에게 빌린다면?
> 선택1 : 빌린 돈의 비율(지분)만큼 이익금을 주겠다고 약속
> 선택2 : 정해진 기간에 돈(원금)을 갚기로 하고, 매달 정해진 이자를 주기로 약속

**풀이)** **선택1의 경우 : 주식의 구조와 비슷하다.**
빌린 돈을 갚는 대신 내가 창업을 통해 벌어들이는 이익의 일부를 친구가 빌려준 돈의 비율만큼 제공해줘야 한다. 친구의 경우 빌려준 돈의 원금을 받을 순 없지만 창업의 성공 여부에 따라 더 큰 돈을 돌려받을 수 있다. 초기 창업자금 100 중에 50을 빌려주었다면 친구는 50%의 지분을 가지고 있다. 창업이 성공해 그 해 1,000의 이익을 벌었다면 그 중 50%인 500을 받을 수 있기 때문에 빌려준 돈보다 더 큰 금액을 받을 수 있다.

**선택2의 경우 : 채권의 구조와 비슷하다.**
창업 시 빌린 자금에 대해서만 책임을 지고, 빌린 원금과 함께 매달 고정된 이자를 지급하는 방식이다. 돈을 빌려준 친구 입장에서는 창업의 성공 여부와 관계없이 자신이 빌려준 원금을 매달 이자까지 받으면서 돌려받을 수 있기 때문에 좀 더 안전하다. 다만 벌어들이는 이자와 원금이 고정되어 있기 때문에 그 이상의 금액을 받을 가능성은 없다.

---

- 주식 : 돈을 빌리는 대신 회사의 지분을 나누어 주게 되어, 주주로서 회사에 영향력을 행사하고, 이익의 일정 부분을 받을 수 있는 권리가 생긴다.

- 채권 : 돈을 빌리면서 매달 원금에 비례한 이자를 제공해주고, 만기일에 원금을 갚는 방식이다. 채권 보유자는 기업에 영향력을 행사할 순 없지만 고정된 이익이 꾸준히 발생한다는 점에서 주식보다 안전한 거래가 가능하다.

## 5) 직접투자 vs 간접투자(투자자 입장)

| 직접투자(ex 주식, 채권투자) | VS | 간접투자(ex 펀드) |
|---|---|---|
| 투자자가 직접 투자대상을 선정하여 직접 투자의사 결정 | | 전문투자자가 운용하는 상품에 가입하는 간접투자 |

### ① 직접투자

- 투자자가 직접 투자대상을 선정하여 직접 투자의사를 결정한다.
- 직접 기업에 대한 분석, 투자 상품에 대한 분석과 예측을 통해 주식 및 채권을 구입하여 투자를 한다.
- 변동성이 크지만 큰 수익을 추구할 수 있고, 수수료 등 기타 부대비용이 발생하지 않는다.

### ② 간접투자

- 전문투자자가 운용하는 상품에 가입하여 투자하는 것이 간접투자이다.
- 일정 요건의 전문성을 갖춘 투자자가 자산을 운용하므로 정보력과 위험관리 측면에서 우수할 수 있다.
- 펀드의 경우 전문성을 갖춘 펀드매니저가 투자자들의 자금을 받아 전문적으로 구축한 포트폴리오에 투자하고, 발생한 수익을 다시 투자자들에게 되돌려준다. 물론 그 과정에서 수수료를 받는다. 포트폴리오에는 다양한 주식, 채권 등 투자상품들이 혼합되어 있고, 각각의 상품들이 위험을 줄이고, 수익을 극대화시켜주는 역할을 한다.
- 펀드는 전문가에게 자금을 맡겨 안정적으로 수익을 추구할 수 있지만, 얻을 수 있는 수익이 제한되어 있고, 수수료 등을 제공하기 때문에 큰 수익을 얻기 힘들다는 단점이 있다.

### ③ 직접투자의 유리한 점

- 신속한 정보 대응 : 간접투자는 투자지침서에 따라서 매매를 하기 때문에 투자 제약 요건이 있다.
- 비용절감 : 간접투자는 기본운용비용과 이익 발생 시 추가로 운용 인센티브까지 발생한다.
- 직접투자는 빠른 판단 하에 단기적인 대응이 가능하다.

※ 따라서, 투자자가 직접 종목을 선별하고 시장을 파악하는 능력을 길러야 한다.

## 2. 증권시장의 개념과 구조 1

### 1) 한국거래소

#### ① 한국거래소의 설립 목적

증권 및 파생상품 등의 공정한 가격형성과 매매, 그 밖의 거래의 안정성 및 효율성을 도모하기 위해서 설립하였다. 국가 주도로 공적인 형태를 띠고 있기 때문에 기업보다는 공공기관으로서의 성격이 더 크다. 실제로 한국거래소 출자지분을 보면 각종 증권사들로 이루어져 있다. 설립 당시 각 증권회사에서 공동출자 형태로 출자해 설립되었기 때문이다. 현재는 아니지만 2015년까지는 한국거래소는 공기업으로 분류되어 금융위원회 산하 기관이었다. 현재는 공기업에서 해제되었으나 여전히 공공기관으로서 성격을 유지하고 있다.

#### ② 한국거래소의 성격

- 국내 유일의 거래소
  - 시장의 안정화와 투자자 보호, 원활한 증권, 파생상품 시장의 운영을 위한 공공기관 성격의 독점 형태의 거래소이다. 모든 증권 거래, 특히 주식거래를 하기 위해서는 한국거래소를 이용해야 하며, 설립 성격상 공적인 성격을 많이 띠고 있다.

〈참고〉 글로벌 시장에서는 단일 거래소가 아닌 복합 거래소 형태가 대다수이다. 특히, ATS(대체거래소)의 형태로 일반 기업이 운영하는 거래소가 많은데 국내 자본시장도 ATS 설립을 허가했지만, 거래규모, 유동성 부족으로 인해 아직 운영되고 있는 ATS는 없다.

- 회원제 운영
  - 한국거래소에서 증권 매매를 하기 위해서는 회원으로 등록되어 있어야 한다. 등록된 회원은 각 증권회사, 선물회사 등이 있으며, 일반 투자자들은 회원인 금융회사에 계좌를 개설하여 거래에 참여할 수 있다.

- 자율규제기관
  - 한국거래소는 공공기관의 성격이지만 한국거래소 독단으로 시장에 규제를 가할 수 있는 자율규제 권한을 가지고 있다.

## ③ 한국거래소의 경제적 기능

한국거래소를 통해 자본시장에 투자자들이 참가하고, 막대한 자금이 운용되면서 기업에 적절한 자금조달로 기업을 키우고, 금융시장을 활성화 시켜 국가 경제 규모를 키우는 기능을 한다.

- **기업이 발행한 증권으로 거래소에서 매매가 이루어진다.**
  - 기업은 한국거래소에서의 증권발행을 통해 기업 성장을 위한 자금을 조달받고, 투자자는 증권을 매매함으로써 기업의 부에 대한 지분을 얻을 수 있다. 또한, 이런 거래를 통해 시장에 자금이 유입되고, 규모가 커짐에 따라 국가 경제 활성화에도 큰 역할을 한다.

- **투기적 수요에 개입하여 가격 안정화 기능을 담당한다.**
  - 한국거래소의 또 다른 가장 중요한 역할은 '투자자 보호'이다. 시장에 참여한 투자자들이 큰 손해를 입지 않도록 항상 시장을 감시하고, 불공정거래에 대한 엄격한 제재를 가함으로써 자본시장을 더 투명하고, 건전하게 만든다.

- **공개경쟁으로 가격을 결정함으로써 공정가격 형성이 가능하다.**
  - 한국거래소에서 거래되는 모든 금융상품은 표준화, 규격화 되어 있다. 투자자들의 수요와 공급의 공정한 시장 논리로 상품 가격이 결정되고 거래되기 때문에 왜곡이 없는 건전한 시장이 유지된다.

## 2) 한국거래소의 시장

한국거래소는 시장 규모와 기업의 성숙도에 따라 유가증권시장, 코스닥, 코넥스 시장으로 나누어진다.

### ① 유가증권시장(KOSPI)

- 일반적으로 가장 보편적인 증권시장이다.
  - 우리가 듣던 KOSPI시장이 이에 해당되며, 성격이나 시가총액만 놓고 보아도 국내 증시를 대표하는 시장이다.

- 상대적으로 규모가 큰 기업들이 주로 상장한다.
  - 유가증권시장은 시장 진입부터 유지까지 상당히 까다로운 요건들을 필요로 한다. 그 중 하나가 기업의 규모에 대한 것으로써 우리가 알고 있는 대기업인 삼성, LG, 현대 등이 모두 유가증권시장에 편입되어 있다.

- 특정 목적을 가지고 운영하는 다른 증권시장과 달리 주권(주식)뿐만 아니라 지분증권, 채무증권, 수익증권, 파생상품결합증권 등이 상장되어 있다.

### ② 코스닥시장(KOSDAQ)

미국의 벤처기업을 대상으로 하는 나스닥(NASDAQ)을 본떠 이름 지어졌다.

- 중소기업 및 기술 중심 기업들이 주로 상장한다.
  - 각종 요건들의 제약으로 유가증권시장에 상장하지 못하는 규모가 작은 기업들이 하부 시장인 코스닥시장으로 상장하여 유가증권시장과 동일하게 직접금융 조달수단으로 이용한다. 유가증권시장의 까다로운 상장요건을 구비하지 못한 중소기업에게 자금 조달 기회를 주기 위해 개설했다.

- 독립적 경쟁시장이다.

- 성장기업 중심의 시장이다.
  - 기업의 규모는 작지만 성장 가능성을 심사하여 잠재력을 보고 코스닥에 상장시킨다.

- 벤처산업의 육성 기능을 한다.

### ③ 코넥스시장

코스닥시장 상장 요건을 충족시키지 못하는 벤처기업과 중소기업이 상장할 수 있도록 2013년 7월 1일부터 개장한 중소기업 전용 주식시장이다. 일정 요건을 갖춘 비상장 기업에 문호를 개방하기 위해 개설하는 유가증권시장, 코스닥시장에 이은 제3의 주식시장을 일컫는다.

- 초기 중소기업 지원 강화를 목적으로 한다.
  - 중소기업 중에서도 새로운 사업을 시작하는 스타트업(Start-up)기업들이 원활한 자금 조달로 사업을 벌일 수 있도록 사업 지원을 목적으로 한다. 중소기업이 코넥스에서 성장하여 기업 규모와 기업지배구조가 탄탄해지면 코스닥으로 이전 상장하여 더 큰 성장을 꾀할 수 있도록 인큐베이터 역할을 담당한다.

- M&A 등 구조조정을 지원하는 시장이다.
  - 코넥스에 상장된 기업은 더 큰 기업에 합병됨으로써 기업 가치를 더 높일 수 있게 M&A를 적극적으로 지원한다.

- 공시사항을 축소하여 공시부담을 낮춘다.
  - 기존 유가증권시장과 코스닥의 까다로운 공시 요건을 충족시키기 어려워 시장에 퇴출당하는 일이 없도록 기존의 공시 부담을 대폭 낮춰 성장에만 집중할 수 있도록 배려한다.

- 지정자문인 제도를 통한 금융역량을 강화한다.
  - 새롭게 시작하는 중소기업은 기업의 재무구조도 미흡하고 시장에서 자금 조달 및 회수에 대한 정보 및 노하우가 부족하다. 이러한 문제로 기업 및 투자자가 피해를 보지 않도록 지정자문인 제도를 시행하고 있다.

## 3) 주식시장으로 진입하기 위한 단계 : 상장

### ① 상장이란?

기업이 자금을 조달하려고 주식시장에 주식을 발행하기 위해서는 상장이라는 거래소 등록과정을 거쳐야 한다. 모든 기업들이 시장에 참여하고 주식을 발행하게 되면 부실한 기업들도 참여하게 되고, 주가 조작으로 인한 시장 혼란과 투자자 피해가 발생하게 되므로, 이를 방지하기 위해 각종 상장 요건 등을 통과해야 거래소에서 상장 승인을 해준다.

### ② 상장의 종류

상장의 종류는 시기와 방식에 따라 4가지로 나뉜다.

한국거래소 상장공시시스템을 이용하면 각종 상장에 대한 정보를 얻을 수 있다.

a. 신규상장
- 주권발행인이 **처음으로 증권시장에 주권을 상장**하는 것이다.
- 기업이 주식시장에 참여해 처음으로 주식을 발행하여 유통시키는 것을 말한다.

〈예시〉
새롭게 코스피에 상장한 A기업이 자금 조달을 위해 시가총액 1,000억 원 상당의 주식을 발행했다.

b. 신주상장
  - 기존에 상장된 주권의 발행인이 새롭게 주권을 발행하는 것을 말한다.
  - 주식시장에 등록되어 있는 기업이 유상증자, 무상증자, 합병 등을 통해 기존에 유통되는 주식과 다르게 새로운 주식을 **추가 발행**하는 것이다.

> 〈예시〉
>
> 기존에 코스피에 상장한 A기업(시가총액 1,000억 원)이 투자를 위한 추가 자금 조달을 위해 500억 원 가량의 주식을 더 발행했다. → 추가 발행한 500억 원의 주식을 신주 상장이라 한다.

c. 변경상장
  - 상호, 주식의 종류, 액면금액, 주식수 등을 변경한 후 새로 발행한 주권을 상장하는 것을 말한다.
  - 주로 코스닥에서 자주 일어나고, **작전 세력들의 도구**로서 많이 활용된다.
  - 기존의 사업에서 철수하고 새로운 사업을 영위하는 기업이 기존의 정보를 바꾸고 새롭게 시작하는 의미에서도 많이 사용된다.

d. 우회상장
  - 시장에 진입하고 싶지만 각종 까다로운 상장 요건들로 인해 시장 진입이 힘들 때, 자금 조달을 위해서 상장된 다른 기업과 합병하거나 주식을 교환하는 형태로 간접적으로 시장에 참여하는 것을 말한다.

## ③ 상장의 효과

- **직접 자금 조달 기회 및 능력이 증대한다.**
  - 주식, 채권 등 기업은 시장을 통해 직접 자신들의 필요한 자금을 중개 금융기관 없이 빠르게 조달할 수 있다. 또한, 조달한 자금으로 투자를 늘려 기업이 성장할 가능성이 커진다.

- **기업의 홍보효과와 지명도가 향상된다.**
  - 한국거래소에 상장되어 주식이 거래된다는 의미는 건실한 기업이라는 뜻과 같다. 까다로운 상장 요건을 통과하고 상장 후에도 계속된 공시 요건을 충족시킴으로써 기업의 이미지는 높아지고 협력사들도 믿고 일을 맡길 수 있는 지명도가 생기게 된다.

- **경영권을 안정화 할 수 있다.**
  - 주식의 지분을 해당 기업이 충분히 보유함으로써 기업에 대한 영향력을 높일 수 있고, 기업 경영에 장애를 겪지 않아도 된다.

- **투자자본의 회수 효과가 있다.**
  - 주식의 특징 중 하나는 빠른 환금성에 있다.
  - 기업이 성장하고 난 후 가지고 있는 주식의 가치가 올라 시장에 팔게 되면 초기 투자자본 이상의 자금을 회수할 수 있다.

- **소유와 경영을 더 빨리 분리시킬 수 있다.**
  - 상장을 통해 시장에 주식이 발행되고 유통되면 주식회사로서 주주 지분에 따라 회사의 소유권이 구분된다. 분리된 경영과 소유는 지배주주만의 이익을 위한 경영을 막고 전문적인 경영인을 통해 기업 경영의 효율성을 높일 수 있다.

## ④ 상장기업의 혜택

- **주식 양도소득세 비과세**
  - 비상장 주식의 경우 10% 정도의 양도소득세가 발생한다. 하지만 상장 주식의 경우 대주주를 제외하고 주식 양도에 대한 세금이 붙지 않는다. 기업 입장에서는 자금 조달이 훨씬 용이하고, 투자자 입장에서는 비상장 주식에 비해 절세 효과가 있다.

- **액면미달발행에 대한 특례**
  - 신주발행은 주식회사의 자본충실의 요구에 따라 발행가액이 액면가액 이상이어야 하지만, 회사의 실적이 부진하거나 사업전망이 불투명하여 신주에 대한 투자자의 수요가 낮은 경우에는 신주 발행할 때 자금조달에 차질이 생길 수 있기 때문에 액면미달발행에 대한 특례를 주어 기업의 자금조달이 원활해지도록 해준다.

- **주식배당의 특례**
  - 배당을 많이 하는 고배당기업에 투자한 주주들은 배당금에 대해 세제 혜택을 준다. 15.4%에서 9.9%로 세율을 줄여주기 때문에 고배당기업 주식에 대한 수요는 많아지고, 그만큼 기업은 자금 조달이 원활해진다.

- **주주총회 소집 절차의 간소화**
  - 상장된 기업은 까다로운 주주총회의 소집 절차를 간소화 시켜준다. 모든 주주들을 대상으로 주주총회를 실시하기는 불가능에 가깝기 때문에 절차 간소화로 기업 활동에 지장이 생기지 않도록 배려해준다.

## 4) 상장된 기업의 정보 제공 : 공시제도

### ① 공시제도는 왜 필요한가?

상장법인의 기업 내용을 투자자 등 이해관계자에게 정기적 또는 수시적으로 공개하여 증권시장에 참여하는 투자자간 불균형을 해소함으로써 공정한 투자판단을 할 수 있도록 하는 정보제공 수단이다.

기업이 기업 가치에 영향을 줄만한 긍정적, 부정적 정보를 내부적으로만 알고 있다면 해당 기업의 주식을 투자한 주주들과의 정보 비대칭이 일어나게 된다. 긍정적 정보든 부정적 정보든 정보를 알 수 없는 투자자들은 합리적인 투자를 하기 어려워지고, 시장은 건전하다고 볼 수 없다. 만약 부정적 정보를 기업 내부에서만 알고, 주가 조작을 한다면 다른 일반 투자자들은 피해를 입기 때문에 기업에 관련된 중요한 정보는 시장에 공시해야 하는 공시제도가 필요하다.

> **▶ 기업 내용 공시의 4가지 요건**
>
> - 정보의 정확성 및 완전성
>   - 공시하는 내용은 오류나 왜곡 없이 정확한 내용을 담고 있어야 하며, 담고 있는 내용은 빠지는 부분 없이 완전해야 한다.
>
> - 공시의 신속성 및 적시성
>   - 공시는 정보가 시장에 바로 반영될 수 있도록 공시 즉시 시장에 노출시켜야 하며, 투자자가 활용하고 투자 판단을 할 수 있도록 시기적절하게 제공해야 한다.
>
> - 공시내용 이해 및 접근 용이성
>   - 투자자 누구나 공시 내용을 찾기 쉽도록 해야 하며, 공시 내용을 투자자가 이해하기 쉬운 내용으로 제공해야 한다.
>
> - 공시내용 전달의 공정성
>   - 공시 내용은 누구나, 언제든지 찾아 정보를 얻을 수 있도록 차별 없이 공정하게 제공해야 한다.

### ② 법률상 공시 내용 : 공적규제(금융위원회)

| 시장 | 종류 | 공시내용 |
|---|---|---|
| 발행시장 | 발행시장공시 | 증권신고서, 투자설명서, 증권발행실적보고서 등 |
| 유통시장 | 정기공시 | 사업보고서, 반기보고서, 분기보고서 |
| | 주요사항보고서 | 부도발생, 증 · 감자 결정, 영업양수도, 합병 · 분할 등 |
| | 기타공시 | 합병 등 종료보고서, 자기주식취득 · 처분결과보고서 등 |
| | 지분공시(거래소도 규제) | 주식 등의 대량보유 상황, 임원 주식 소유상황 보고서 등 |

- 금융위원회에서 정한 '반드시 시장에 정보를 제공해야 하는' 공시 사항이다.
- 사업보고서, 반기보고서, 분기보고서 등의 기업의 실적이 담긴 정보는 **정기적**으로 공시하여야 한다.
- 기업 가치에 영향을 주는 기타 정보에 대해서도 사소한 것까지 공시를 요구하고, 기업은 정보를 제공해야 한다.
- 다소 부담스럽고 까다로운 공시 규정 때문에 상장을 꺼리는 기업들도 상당수 존재한다.

## ③ 자율규제(거래소) 공시 내용 - 수시공시

- 주요 경영사항의 신고공시
  - 영업정지, 주요거래처와의 거래 중단 및 생산 중단 등 **회사 경영에 중대한 문제가 발생한 경우** 사유 발생 당일(중요성에 따라 익일) 공시하여야 한다.
  - 기업 경영에 문제가 생겨 실적에 영향을 줄 경우, 투자자의 피해를 막기 위해 경영상 불이익을 모두 공시해야 한다.

- 자율공시
  - 투자판단에 영향을 줄 수 있는 사항에 대해 사유발생일 다음날까지 자율적으로 공시한다.

- 조회공시
  - 주권상장법인의 기업 내용에 관한 풍문이나 보도의 사실 여부에 대해 공시를 요구한 경우, 요구 시점이 오전인 경우 오후, 오후인 경우에는 익일 오전까지 공시한다.

## ④ 공시매체 및 공시방법

- 공시매체
  - 금융위원회 및 거래소의 전자공시시스템, 거래소 홈페이지
  - 금융감독원 전자공시시스템(http://dart.fss.or.kr/)
    사업보고서, 반기보고서, 분기보고서 열람 가능
  - 한국거래소 상장공시시스템(http://kind.krx.co.kr/)
    상장, 유상 증자에 대한 정보나 시장 조치(투자유의, 불성실공시, 매매거래정지, 관리종목, 투자주의 환기종목 등) 종목에 대한 정보, IPO, 채권 정보 열람 가능

- 공시방법
  - 상장법인이 제출하는 모든 신고사항은 전자문서제출인 또는 제출대행인을 등록해야 한다.

〈한국거래소 상장공시시스템〉

금융위원회와 한국거래소, 금융당국은 투자자들에게 영향을 미칠 수 있는 기업의 정보를 공시하도록 기업에 규제를 가하고 있으며, 투자자들이 쉽게 활용할 수 있도록 전자 문서화하여 제공하고 있다. 금융 당국이 판단하기에 주가에 영향을 미칠 수 있는 정보를 투자자가 모르거나 시기를 놓쳐 투자에 불이익이 생기는 일이 일어나서는 안 된다.

## ⑤ 불성실 공시

● 공시불이행, 공시번복, 공시변경

● 절차

● 제재
 – 매매거래정지, 벌점부과, 제재금 부과, 관리종목지정 및 상장폐지

# 3. 증권시장의 개념과 구조 2

## 1) 가격제한폭

일시적인 수급의 편중이나 단기간 급등락을 완화하기 위한 목적이다.

### ① 증시 활성화를 위해 30%로 확대

기존의 15%는 급변하는 주식시장의 환경 속에서 주식 가치의 변동성을 제대로 반영하지 못하는 한계가 존재했다. 가격이 움직일 수 있는 범위를 넓힘으로써 더 정확한 주식의 Pricing을 형성하고 시장을 안정화 시키기 위해 2015년 6월 15일부터 30%로 확대 적용하였다.

- 3연속 상한가 시 90% 수익이 발생한다.
  - 기존 가격에서 3연속 상한가를 기록하면 대략 두 배의 수익률이 발생한다.

- 미국, 영국 등 선진 자본시장은 제한 폭이 없다(중국 10%, 일본 22%).
  - 국내 자본시장은 아직 제한적으로 구성된 부분이 많기 때문에 시장 관리, 건전성 확보 차원에서 가격 제한폭을 설정한다.

- 가격형성에 인위적인 제한은 반시장적
  - 과거 15%인 경우 가격의 변동성을 제대로 반영하기 힘들어 가격의 왜곡이 나타나기도 했다. 인위적 으로 설정한 가격 상하한선은 시장 논리와 맞지 않아 오류가 많이 발생했다.

- 자석 효과 가능성 감소
  - 자석 효과란 자기 자신이 시세에 대한 확실한 예측을 갖지 못하고 시장 전체의 인기나 다른 투자자의 움직임에 편승하여 매매에 나서는 것을 의미한다. 이와 같은 자석효과는 주가를 급등 또는 급락시킴 으로써 주식시장 혼란의 요인이 되기도 한다.
  - 주가가 상한선인 15%에는 미치지 못하지만 12~13% 정도의 상승률로 상한가에 근접해 있는 경우 누 군가 인위적으로 주가를 끌어올려 상한선인 15%에 도달하게 만들었다. 이런 자석 효과는 주식 시장 에서 가격 왜곡으로 번지고, 시장 논리를 깨트리는 현상이 되었다. 30%로 상한선 확대 시 이러한 가 격 왜곡가능성이 감소한다.

### ② 가격제한폭 확대에 따른 변동성완화장치(VI)

가격제한폭이 갑자기 증가하여 시장에서 발생하는 부작용들을 제거하기 위해 가격제한폭 확대와 함께 도 입된 시장 안정화 장치로 동적VI와 정적VI가 있다. 시장 전체에 적용되는 서킷브레이커와 달리 종목별로 적용하는 변동성 완화 장치이다.

- 동적 변동성완화장치 – 직전 체결가의 2~3%를 벗어날 경우, 2분간 단일가매매[1] 거래
- 정적 변동성완화장치 – 전 거래일 10%이상 변동, 10분간 단일가매매 거래

---

1 단일가매매 : 주문을 받아놓고 일시에 하나의 가격으로 체결하는 주문제도이다.

## 2) 매매거래의 중단(주식시장)

### ① 블랙 먼데이(1987.10.19.)

블랙 먼데이는 미국 뉴욕증시의 대폭락이 있었던 1987년 10월 19일의 월요일을 가리키는 말이다. 그날 뉴욕의 다우 존스 평균 주가가 하루에 508포인트(전일대비 22.6%) 폭락하여 세계 금융시장을 패닉으로 만들었다. 1987년 8월 25일의 다우존스지수는 연초대비 주가상승률이 40%를 기록하는 수직상승세가 이어지면서 사상최고치인 2,722.42포인트를 수립했다. 투자자들 모두 그 동안 가파른 상승을 확인하였고 높은 수익을 꿈꾸고 있던 중에 블랙 먼데이의 대폭락은 더 큰 충격으로 받아들여졌다.

이날 주가 하락폭은 퍼센트로 따져도 대공황이 초래됐던 1929년 10월 28일과 29일의 12.6%와 11.7%에 비해 2배 정도 큰 수치였다.

앞 다투어 주식을 처분하려는 매도 잔량이 엄청나게 쌓였으며 브로커들은 주식매매대금을 지불하지 못하는 상황에 처했다. 재정파탄으로 죽음을 택한 투자자들이 속출했다.
이 주식파동은 수일 내에 일본, 영국, 싱가포르, 홍콩의 시장에서 큰 폭의 주가폭락을 가져와 전 세계적으로 1조 7,000억 달러가 증발해버렸다.

> ▶ **블랙 먼데이의 원인**
>
> 미국 내 여러 단체에서 블랙 먼데이의 원인을 찾기 위해 오랫동안 연구하고 있으나, 아직도 정확한 이유는 나오지 않고 있다.
> 다만 미국의 누적된 재정적자 및 국제수지적자, 1982년 이래 지속된 고주가 현상을 이유로 찾고 있으나 하루 만에 급락의 이유를 설명하기는 부족하다.
> 급락의 원인을 설명할 때는 자동주식거래 장치의 영향으로 인하여 폭락의 발생을 설명할 수 있다. 자동주식거래 장치는 '선물매도 → 균형가격파괴 → 주식차익거래(선물매수, 현물매도) → 현물하락가속화 → 선물추가매도'의 프로그램의 거래장치가 계속적으로 발동하여 지수하락을 가속시켰다고 보는 견해도 있다.

이후 주식시장에서 주가가 갑자기 급락하는 경우 시장에 미치는 충격을 완화하기 위하여 주식매매를 일시 정지하는 제도를 도입하였다.

## ② 서킷브레이커(Circuit breaker)

● 발동요건

| 1단계 | 주가지수의 수치가 직전 매매거래일의 최종수치보다 8% 이상 하락하여 1분간 지속되는 경우 시장의 모든 종목 매매거래 중단 |
|---|---|
| 2단계 | 1단계 매매거래 중단 및 재개 후 코스피 및 코스닥의 수치가 직전 매매거래일의 최종수치보다 15%이상 하락하고, 1단계 발동지수보다 1%이상 추가 하락하여 1분간 지속되는 경우 시장의 모든 종목 매매거래 중단 |
| 3단계 | 1·2단계 매매거래 중단 및 재개 후 코스피 및 코스닥이 직전 매매거래일의 최종수치보다 20%이상 하락하고 2단계의 발동지수보다 1%이상 추가 하락하여 1분간 지속되는 경우 당일 매매거래 종료 |

각 단계별로 1일 1회로 발동횟수를 제한하며, 1·2단계의 경우 장종료 40분 전 이후에는 중단하지 않지만, 3단계의 경우 장이 끝날 때까지 발동이 가능하다.

● 발동효과
 – 모든 종목 및 주식 관련 선물 옵션의 매매를 20분간 중단한다.
 – 3단계 해당 시 그 날 장운영을 종료한다.

● 발동해제(매매거래 재개) 방법
 – 20분이 경과된 때에 매매거래를 재개한다(재개 후 10분간 단일가매매).

## ③ 사이드카(Sidecar)

서킷브레이커와 같은 시장 완화장치이지만 사이드카는 **선물시장에 적용**하는 조치이다.

● 주가지수 선물시장이 급변할 경우 현물시장에 미치는 영향이 클 것으로 예상됨에 따라서 부작용을 완화하거나 최소화하기 위해 도입한 프로그램 매매호가 관리제도이다.

● 전일의 거래량이 많은 종목의 선물가격이 전일종가 대비 5%(코스닥은 6%) 이상 상승하거나 하락하는 변동현상이 1분간 지속될 경우, 시스템상 자동적으로 발동된다.(1일 1회 제한)

● 사이드카가 발동하면 프로그램 매수호가 혹은 프로그램 매도호가가 5분간 거래 정지되고 5분 경과 후 다시 매매체결이 이루어진다.

## ④ 매매거래 중단 사례

| 시장 | 일시 | 지수하락 원인 |
| --- | --- | --- |
| 유가증권(코스피) | 2000년 4월 17일 | 블랙 프라이데이(미국지수 급락) |
| 유가증권(코스피) | 2000년 9월 18일 | 미국지수 하락(유가급등) |
| 유가증권(코스피) | 2001년 9월 12일 | 미 9.11테러 |
| 코스닥 | 2006년 1월 23일 | 미국증시 악화 |
| 코스닥 | 2007년 8월 16일 | 미국 · 서브프라임모기지 위기확산 |
| 코스닥 | 2008년 10월 23일 | 글로벌금융위기 |
| 코스닥 | 2008년 10월 24일 | 글로벌금융위기 |
| 코스닥 | 2011년 8월 8일 | 미국 신용등급 하향 세계경제둔화우려 |
| 코스닥 | 2011년 8월 9일 | 미국 신용등급 하향 세계경제둔화우려 |
| 코스닥 | 2016년 2월 12일 | 글로벌 경기불안 속 코스닥 고평가 부담 |

※16년 가격제한폭완화 개편으로 서킷브레이커 발동요건변경 이후 첫 서킷브레이커(1단계)가 발동되었다.

다음 표를 보고 확인할 수 있지만 국내 증시에서 서킷브레이커가 발동될 만큼 큰 주가 하락이 일어난 원인은 모두 미국발 증시 충격이다. 그만큼 미국 증시는 우리 증시에 큰 영향을 주기 때문에 국내 요인과 더불어 미국 이슈에 대한 확인은 주식 투자의 기본이다.

## ⑤ 종목별 매매거래의 중단(매매정지)

투자자의 주의를 환기하고 시장에서의 안정적인 매매를 돕기 위해 시행한다.

- 정지사유
  - 가격 또는 거래량이 급변하거나 예상되는 경우
  - 호가 폭주로 정상거래가 어려운 경우
  - 시장관리상 필요하다고 인정되는 경우

〈이상급등으로 인해 단기과열종목으로 지정된 코데즈컴바인의 주가〉

● 거래 재개
  – 사유가 해소되거나, 단기과열종목인 경우 지정기간 다음 매매일

## ⑥ 단기과열종목

2012년 대선 당시 일부 정치 테마주의 주가가 이상 급등함에 따라 시장의 왜곡을 방지하고 선량한 투자자를 보호하기 위한 목적으로 만들어진 제도이다.

● 단기과열종목 지정 요건
  – 주가상승률 : 당일 거래 종가가 직전 40거래일 평균 종가 대비 30% 이상 급등하는 경우
  – 회전율 : 최근 2거래일간의 평균 회전율이 직전 40거래일 평균 회전율 대비 500% 이상 증가한 경우
  – 변동성 : 최근 2거래일간 평균 일중 변동성이 직전 40거래일 일중 평균 변동성 대비 50% 이상 증가한 경우

**위의 세 가지 요건을 동시에 충족하고 10거래일 이내에 동일한 상황이 벌어지면 '지정'이 되게 된다.** 하지만 2016년 5월 코데즈컴바인 같은 **품절주에 대한 대책시행으로 위 세 가지 요건 중 한 가지만 해당해도 '지정'이 가능**한 경우도 있다.

▶ 품절주에 대한 대책시행 관련으로 한 가지만 해당해도 지정이 가능한 주식유형

  ① 자본감소, 주식병합, 회생절차 중 자본증감 등의 사유로 30일 이상 매매가 정리된 후 재개된 종목
  ② 종류주식이 관리종목이거나 총상장주식 수가 10만주에 못 미치는 종목

## 3) 상장폐지

기업 내용의 변화 등으로 적격성을 상실하는 경우 거래대상에서 제외하고 시장에서 퇴출하는 것을 말한다.

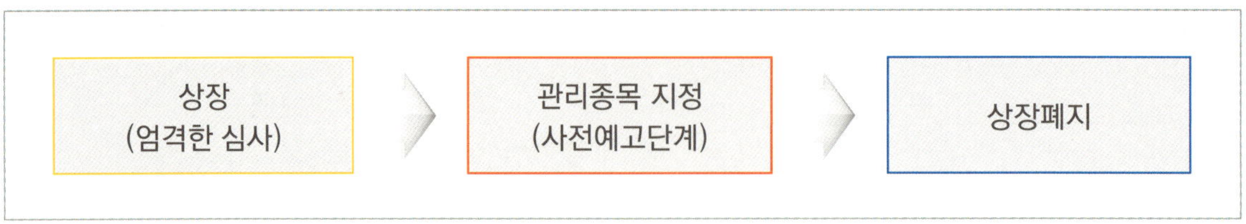


상장폐지를 하기 전에 투자자에게 주의를 환기시키기 위해서 경고와 관리종목으로 지정하는 단계를 거친다. 일종의 상장폐지 사전예고단계로 이해하면 된다.

### ① 관리종목 지정

상장법인이 갖추어야 할 최소한도의 유동성을 갖추지 못하였거나, 영업실적 악화 등의 사유로 부실이 심화된 종목으로 상장폐지기준에 해당할 우려가 있는 종목을 말한다. 관리종목은 사업보고서 미제출, 자본잠식과 같은 기업 내부의 재무 위험성과 더불어 주식분포 미달, 거래량 미달, 지배구조 미달 등 주식시장 내 유동성을 갖추지 못할 때에도 지정된다. 상장폐지가 되면 장외에서 주식을 거래해야 하므로, 증권이 가지고 있는 가장 큰 장점 중 하나인 '환금성'이 크게 떨어지게 된다.

투자자 주의 환기 및 보호 목적으로 관리종목을 지정하고 상장폐지를 진행하기 때문에 초보투자자는 관리종목에 대한 투자를 피해야 한다.

### ② 상장폐지 요건

| 요건 | 단계 | 코스피 퇴출요건 | 코스닥 퇴출요건 |
|---|---|---|---|
| 영업실적 악화 | 관리 | 최근년 매출액 50억 미만 | 최근년 매출액 30억 미만 |
| | 퇴출 | 2년 연속 | 2년 연속 |
| 유동성 부족 | 관리 | 반기 월평균거래량이 주식수의 1% 미달 | 분기 월평균거래량이 주식수의 1% 미달 |
| | 퇴출 | 2반기 연속 | 2분기 연속 |
| 기업지배구조 미구축 | 관리 | 반기보고서 부적정, 의견거절 | 반기보고서 부적정, 의견거절, 한정 |
| | 퇴출 | 감사보고서 부적정, 의견거절 | 감사보고서 부적정, 의견거절, 한정 |

# 4) 그 밖에 투자주의 종목

## ① 투자유의 종목

관리종목 지정이나 상장폐지 등의 사유에 따른 조치를 수반하는 경우 지정한다. 부도, 화의, 법정관리 등 기업여건이 좋지 않은 종목이 속하게 된다. 부채비율이 높아 자본잠식 상태에 있거나 주식분산 요건(1% 미만의 소액주주 100인 이상이 발행주식의 20% 소유)이 미비하게 되면 편입된다.

## ② 불성실 공시기업

공시의무를 성실히 이행하지 않은 경우 지정한다. 공시불이행, 공시번복, 공시변경의 유형이 해당된다. 불성실공시 기업의 절반 이상이 상장폐지로 이어지기 때문에 투자를 피하는 것이 좋다.

## ③ 이상급등종목

최근 5거래일간 주가 상승률이 75% 이상인 경우가 2거래일간 계속되고, 6거래일간 주가 상승률이 동기간 동업종의 4배 이상인 경우 그 다음날 지정한다. 주가 안정을 도모하기 위한 제도로, 이상급등종목 지정 종목은 신규의 신용거래가 제한되며, 대부분의 증권회사는 위탁증거금을 100% 징수하게 된다. 보통주와 우선주 모두에 공통으로 적용되는 제도이고, 우선주 이상급등종목 지정제도와는 달리 구분하고 있다.

## 4. 주식결제는 어떻게 진행되나?

주식은 기업 자본의 구성 부분이므로 기업의 가치가 올라가면 주식의 가치도 변동된다. 기업의 가치 상승이 예상된다면 기업의 주식을 사려고 할 것이다. 반대로 가치 하락이 예상된다면 기업의 주식을 팔려고 할 것이다. 사려는 사람이 많다면 가격은 오르고 팔려는 사람이 많다면 가격은 떨어지게 될 것이다.
또한, 주식은 아무 장소에서 거래하는 것이 아니라 거래소를 통해서 지정된 형식과 절차를 맞춘 후 물건처럼 사거나(매수) 파는(매도) 것이 가능하다.

### 1) 주식거래의 원리

① 주식도 상품처럼 **특정 장소**에서 거래를 통해 교환이 된다.

| | |
|---|---|
| 거래소(= 시장) | 거래소라고 불리는 지정된 공간에서만 주식을 사고팔 수 있다.<br>주식을 사고파는 거래가 이루어지는 시장이 거래소이다. |
| 주식(= 상품) | 거래소라는 시장에서 사람들이 사고 팔고자 하는 주된 상품은 주식이다. |
| 주식가치<br>(= 상품가격) | 주식은 기업마다 상품마다 각각 다른 가격을 가지고 있고, 가격 변화도 제각각이다. |
| 주식 매수자<br>(= 상품 소비자) | 주식을 사고자 하는 사람은 시장에서 상품을 구입하고자 하는 소비자라고 할 수 있다. |
| 주식 매도자<br>(= 상품 판매자) | 주식을 팔고자 하는 사람은 시장에서 상품을 판매하고자 하는 판매자라고 할 수 있다. |

② 상장된 주식은 **한국거래소**에서만 거래가 가능하다.

- 한국거래소
  국내 유일의 증권거래소로서 공공기관의 성격을 갖추기 위해 국내에서는 독점 형태로 운영한다. 국내에서 유통되는 모든 상장 주식은 한국거래소를 통해서 표준화, 규격화되어 정해진 과정을 통해 거래된다.

- 상장(Listing)
  기업이 한국거래소를 통해 주식을 유통시키기 위해서는 심사를 받고 등록받는 절차가 필요하다. 주식시장에서 주식이 매매될 수 있게 거래소에 등록하는 것이다. 주식을 거래하는 투자자들이 잘못된 투자로 피해를 입는 일이 없게 하기 위해 상장 요건은 굉장히 까다롭고 양적, 질적 요건을 모두 충족시켜야 하며, 상장 후에도 기업은 주기별로 공시를 통해 기업의 상태를 보고해야 한다. 모든 조건이 갖춰진 기업만이 상장되어 한국거래소에서 주식을 유통시킬 수 있고, 주식을 사고 팔고자 하는 투자자들은 기업이 공개하는 정보를 통해 자신의 투자 결정을 합리적으로 할 수 있다.

### ③ 한국거래소는 주식 매매 참가를 회원제로 운영한다.

- 주식 매매 시 결제이행을 책임질 수 있게 하기 위해 회원제로 운영한다. 거래소 매매의 가장 큰 장점은 거래상대방 위험이 없다는 것이다. 거래가 원활하게 이뤄지게 하기 위해 결제가 가능한 회원들만 받아 운영한다. 한국거래소의 회원은 일반 투자자가 아닌 증권회사, 선물사 등 금융기관들로 이루어져 있으며, 이런 회원들만 한국거래소에서 거래가 가능하다.

- 일정조건이 충족된 후 심사를 통해서 가입한다. 결제 이행을 책임져야 하기 때문에 엄격한 심사 절차를 통해 회원을 받는다.

- 주식 매매거래를 할 수 있는 권리를 받는다. 일반투자자들이 주식 매매를 할 수 있는 것은 회원사인 증권회사를 통해서 이루어지는 것이고 일반투자자의 요청에 따라 증권회사가 중개기관이 되어 거래소에 거래를 체결한다.

- 공동기금 적립 및 거래 수수료를 납부할 의무를 가진다. 주식시장에서 큰 피해가 발생해 투자자가 손해를 크게 입을 상황이 다가와 시장에 혼란이 오는 것을 방지하기 위해서 회원사들은 기금을 모아 운영한다. 한 예로, 2013년 한맥 사태로 인해 시장에 큰 피해가 발생했고, 손실을 메우기 위해 회원사들에게 모은 공동기금이 활용되었다.

### ④ 개인투자자는 어떻게 매매를 할까?



- 회원사(증권회사)의 계좌개설 : 설명했듯이 한국거래소에 주식 매매는 회원들만 가능하다. 일반투자자가 매매를 하기 위해서는 회원사인 증권회사에 주식 매매 전용 계좌를 개설한 후 해당 계좌를 통해서 거래를 해야 한다.

- 투자금(예수금) 입금 : 계좌가 개설되었다고 주식 거래를 당장 시작할 수 있는 것은 아니다. 투자자가 결제를 이행할 수 있는 금액을 보유하고 있는지 확인하는 절차가 필요하다. 따라서 매수하고자 하는 주식이 있다면 그에 맞는 투자금을 먼저 입금한 후 결제에 문제가 없음이 확인되어야 한다.

- 주식주문 : 회원사에 계좌가 개설되고, 매매에 필요한 투자금이 입금이 확인되면 비로소 주식을 주문해 매매가 가능해진다.

## ⑤ 청산 결제의 개념

매매 계약에서 발생한 주식 이전 의무와 대금 지급의무를 이행 또는 변제함으로써 계약을 종결시키는 것이다.

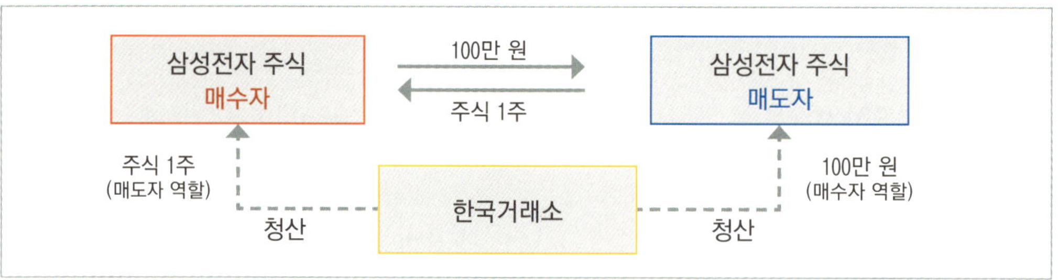


● 청산

거래소는 회원 간에 성립된 매매거래에 개입하여 매도자에게는 매수자, 매수자에게는 매도자가 되어 결제를 보증한다. 주식을 사고자 하는 매수자에게 한국거래소가 중간에서 주식을 건네주고, 주식을 파는 사람에게는 매수자가 되어 100만 원을 건네주는 역할을 한다.

● 결제

청산 과정을 통해 확정된 회원간의 주식 인도 및 대금 지급을 이행하여 매매거래를 종결하는 것이다. 청산이 이루어지고 나서 실제로 각 거래상대방에게 주식과 대금을 이행한다.

## ⑥ 청산 및 결제 프로세스

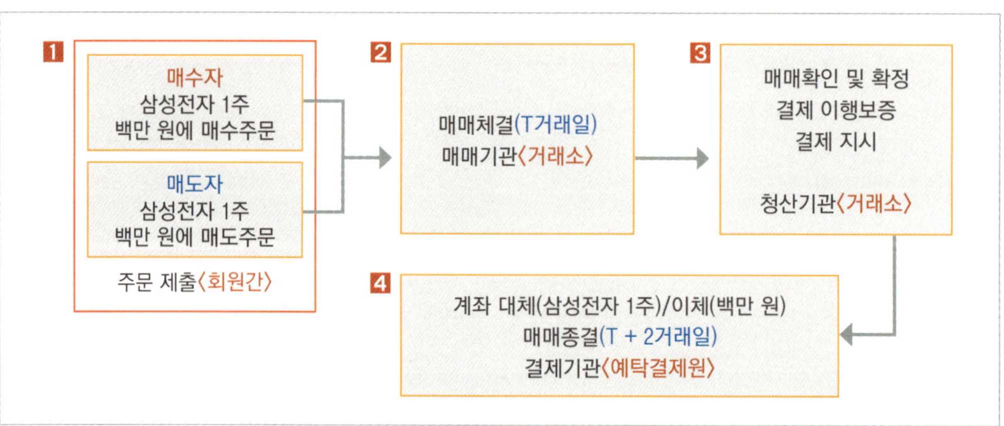


**1** 삼성전자 1주를 사고 싶어 하는 매수자와 팔고 싶어 하는 매도자가 계좌를 개설한 회원사(증권회사)를 통해 매수, 매도 주문을 제출한다.

**2** 접수된 주문이 시장(거래소)에서 거래 가능한 매수, 매도 주문자 사이에 매매가 체결된다(T거래일).

**3** 체결된 매매를 확인하고 확정 결제 이행, 보증 결제를 거래소에서 지시한다.

**4** 계좌 대체/대금 이체 – 매매종결(T + 2거래일) : 실제로 대금이 나가고 들어오는 건 매매가 체결된 후 2일이 지나고 나서다. 실제로 주식 거래를 하면 매매 체결 2일 이후 대금이 나가고 들어오는 것을 알 수 있다.

## 2) 결제원활화를 위한 장치

### ① 코스콤(www.koscom.co.kr)

모든 거래 및 결제는 전산화로 이루어진다. 과거에는 직접 거래소로 찾아가 매수, 매도 주문을 넣어야 했다. 하지만 전산화를 통해 집에서 쉽게 HTS를 이용해서 원하는 주식을 매수, 매도 할 수 있다. 또한, 필요한 정보도 전산화를 통해 전부 제공하기 때문에 IT서비스를 통해 원활히 주식 거래를 할 수 있다.

- 기관과 개인 간의 매매체결
- 청산 결제 시스템
- 정보 가공 및 분배 서비스(금융회사, 언론사 등)
- 공인인증시스템

### ② 결제원활화를 위한 한국거래소의 역할

- 결제위험의 파악 및 관리
- 결제 이행 보증을 위한 유동성 공급
- 결제 지연 손해금 부과

## 3) 결제불이행 발생 시의 청산 및 결제

만약 매매 체결 후 결제가 이루어지지 않는다면 다음과 같은 과정을 통해 거래소의 제재가 들어간다.

### ① 결제불이행

매매가 체결된 이후로 2일 이후 주식이 인도되지 않거나 대금이 지급되지 않았다면 결제 불이행이 발생하게 된다.

### ② 일괄청산

거래소가 청산, 결제 과정에서 투자자에게 매수자, 매도자가 되기 때문에 상대방이 피해를 받지 않도록 한국거래소가 청산을 진행한다.

### ③ 손실보전

손실을 본 부분은 거래소 자체의 공적자금으로 충당함으로써 시장에 피해가 생기지 않도록 한다.

### ④ 불이행 회원에 대한 구상권 행사

결제를 이행하지 않은 투자자에게 한국거래소가 재산을 가져갈 수 있는 구상권[1]을 행사한다.

### ⑤ 금융위 보고

구상권 행사로도 해결이 되지 않을 경우 정부 기관인 금융위에 보고하여 법적인 절차가 진행되도록 한다.

---

1 구상권 : 남의 채무를 갚아준 사람이 그 사람에 대하여 갖는 반환청구의 권리.

# 전형적인 투자자들은 어떻게 생각하는가?

본인이 전형적인 일반 직장인 투자자라면 그동안 어떻게 주식 거래를 해왔는지 한번 떠올려보자.
수익이 나서 매도하려 했을 때는 다가오는 위험을 모른 채 주식을 얼마에 샀는지에 대한 생각만 하고 손실이 났다면 '결국 주가는 오르더라.'라는 생각으로 기다렸을 것이다. 왜냐하면 손해보기 위해 주식에 투자한 것은 아니기 때문이다.
주식투자를 하는 투자자 중에서 매도에 관하여 고민해보지 않은 사람은 없을 것이다.
매도는 손실이 발생했을 때와 수익이 발생했을 때 모두 중요하게 고려해봐야 하는 부분이다.

우선 손실이 발생했을 때 매도는 꽃밭에서 잡초를 뽑아내듯이 수익률이 가장 나쁜 주식을 가장 먼저 정리하는 것을 의미한다. 전형적인 투자자들은 90% 이상 '매수가격 집착증'에 걸려있다. 이 말은 수익률이 좋은 주식은 이익이 났으니까 쉽게 팔아버리면서도 매수 가격에 못 미치는 주식을 주가가 떨어지고 있는데도 계속 보유하는 것을 말한다. 만약 90%의 주식투자자들과 마찬가지로 '매수가격 집착증'에 걸려 투자한다면, 당신도 절대 수익을 얻을 수 없을 것이다.

또 수익이 발생했을 때 매도도 수익을 실질적으로 얻었는지 생각해봐야 한다. 가령 2년 전에 30달러에 산 주식이 지금 34달러가 됐다고 하자. 대부분의 직장인투자자들은 지금 이 주식이 이익이 났으니 팔아도 된다고 생각한다.
그러나 2년 전에 지불한 매수가격의 현재가치는 따져봤는가?

그렇다면 이 주식을 팔 것인가의 여부를 판단하는 기준은 무엇인가?
정말로 따져봐야 할 핵심적인 요소는 현재 보유하고 있는 다른 종목들과 만약 이 주식을 팔게 되면 새로 매수할 종목들을 비교할 때 과연 이 주식의 상대적인 수익률이 어떤가 하는 점이다.

# III. 증권용어

## 1. 꼭 알아야 할 증권용어 정리 1

### 1) 매매관련 용어 1

#### ① 매수/매도

   a. 매수 : 주식을 사는 것
   b. 매도 : 주식을 파는 것

#### ② 주문

주식을 매수 또는 매도해 달라는 고객의 지시를 말한다. 과거에는 주문이 종이로 이루어졌기 때문에 투자자에게 매매위탁을 받은 거래원이 작성하는 전표로서 주문표가 있었고, 매수주문표(적색)와 매도주문표(청색)로 분류하였다. 이에 맞추어 매수주문은 적색, 매도주문은 청색으로 표시한다.

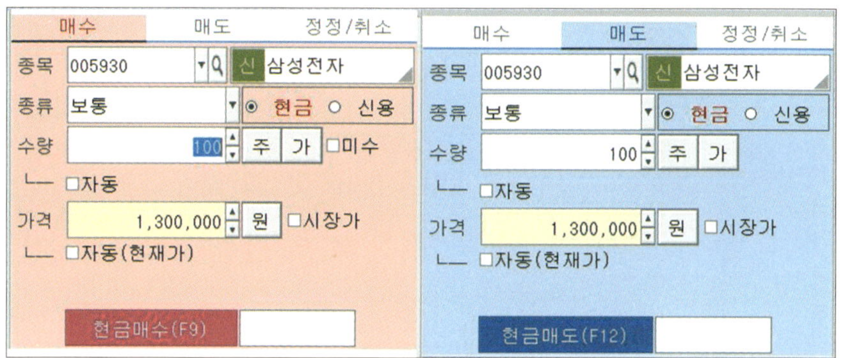


〈HTS의 매수주문과 매도주문창〉

#### ③ 체결

고객의 사거나 파는 주문이 공식적으로 이루어 지는 것(T거래일)을 말한다.

#### ④ 결제

결제 후 증권 또는 대금을 주고받아 매매를 끝맺는 일로 결제는 매매가 체결된 2거래일 이후에 진행된다(T+2거래일).

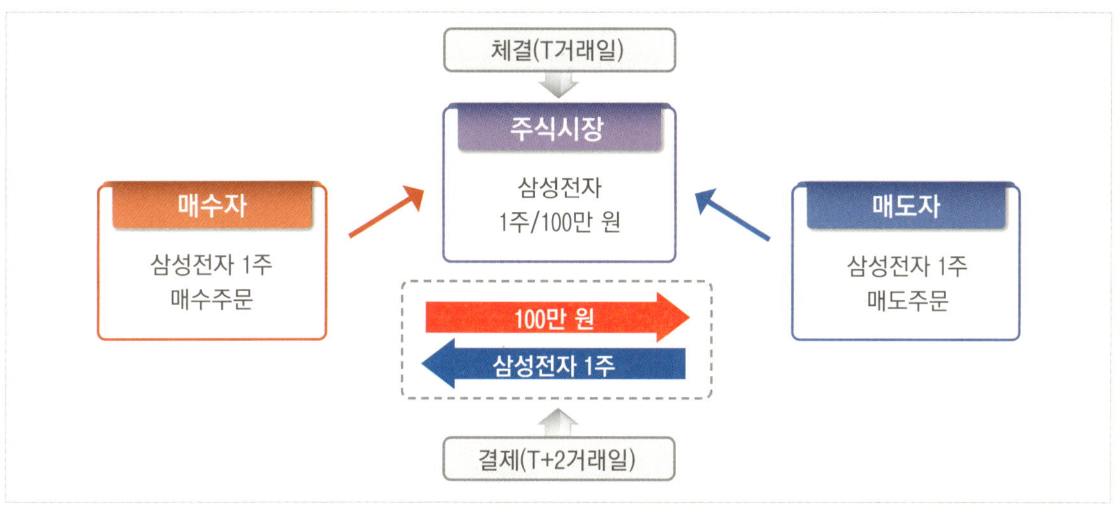


〈주식 주문, 체결, 결제 과정〉

## 2) 매매관련 용어 2

### ① 예수금

증권계좌에 입금되어 있는 결제 전 현금을 말하며 주식 거래를 하기 전에 자신의 계좌에 담겨 있는 현금 보유량이다. 즉, 물건을 사기 전 자신의 지갑에 들어있는 현금의 개념이다.

### ② 대용금

보유하고 있는 주식 대신 보유 주식을 담보로 사용할 수 있는 금액을 말하는 것이다. 대용금은 통상 전일 종가의 70%에서 80% 정도의 선에서 가격이 매겨진다. 우량한 기업의 주식만 담보로 사용할 수 있다.

〈예시〉 삼성전자 주식을 1주 보유하고 있다. 삼성전자 1주의 가격이 1백만 원이라면 보통 70%인 70만 원까지 대용금으로 활용하여 시장에서 현금처럼 주식 매매를 할 수 있다.

### ③ 증거금

투자자가 주식주문을 낼 때 필요한 최소한의 금액이다. 이를 통해 투자자는 보유금액보다 더 많은 주식을 살 수 있다.

〈예시〉 삼성전자 1주의 가격은 100만 원이다. 하지만 증거금제도를 통해 투자자는 1주 가격보다 더 낮은 가격인 50만 원으로 주식을 살 수 있고, 거래할 때 보유한 50만 원이 증거금이 된다. 매매가 결제되기 전인 체결단계에서 진행된다.

### ④ 미수금

예수금보다 결제해야 할 돈이 더 큰 경우의 그 차이 금액이다. 증거금을 통해 주식 매매를 체결한 투자자가 결제 시 지급할 금액이 없을 때, 결제 금액과 예수금의 차이를 말하기도 한다.

〈예시〉

삼성전자 1주의 가격은 100만 원이다. 만약 증거금 50만 원을 통해 삼성전자 1주를 매수하는 거래를 체결했다. 2거래일 이후 실제 지급하기 위해 투자자의 계좌를 확인해보니 예수금으로 50만 원 밖에 없다면 지급해야 할 100만 원과 실제 예수금 50만 원의 차이인 50만 원이 미수금이 된다.

### ⑤ 반대매매

미수금을 갚지 못하였을 때 미수금액만큼 증권사에서 강제로 매도하는 것으로 결제를 이행해야 하기 때문에 증권사는 미수금이 있는 투자자의 보유 주식 중에서 미수금만큼 강제로 매도하여 결제를 이행한다.

〈예시〉

100만 원인 삼성전자 주식 1주를 증거금 50만 원을 통해 매수 체결했다. 2거래일 이후 결제 과정에서 투자자의 예수금이 50만 원밖에 없어 50만 원의 미수금이 발생하였다. 해당 증권사는 결제를 이행하기 위해 투자자가 보유한 주식을 강제 매도하여 미수금만큼의 금액을 확보한다.

## 3) 매매관련 용어 3

### ① 호재/악재

해당 기업의 주가에 좋거나 나쁘게 반영될 수 있는 재료(뉴스)를 말한다.

### ② 손절매(Loss Cut)

주식을 매입한 가격보다 낮은 상태에서 추가적인 하락이 예상될 때, 그 하락폭을 피하고자 손실을 감수하고 주식을 매도하는 것을 말한다. 주식투자를 함에 있어 손절매 구간을 설정하고 지키는 것은 굉장히 중요하다. 모든 주식이 상승할 수 없기 때문에 하락한다면 자신의 실수를 깨닫고 과감하게 손절매를 하는 것은 주식투자의 기본 중의 기본이다.

〈예시〉

삼성전자에 대한 기대로 1주를 100만 원에 매수했다. 하지만 주가는 하락해 −10%인 90만 원이 되자 더 이상 상승 여력이 부족함을 알고, 매도하여 손실을 10만 원으로 최소화했다.

## ③ 레버리지

고정적 요소가 지렛대와 같은 작용을 하여 손익의 변동이 확대되는 효과를 말한다. 일반적으로 부채를 사용하면 더 많은 수익을 추구할 수 있는 효과를 레버리지라고 한다. 레버리지 효과는 자신의 부채에 대한 이자율보다 투자 수익률이 높다는 확신이 있을 때에만 활용해야 하기 때문에 초보 투자자들은 신중하게 활용해야 한다.

〈예시〉

a. 개인투자자 A씨는 자신이 갖고 있는 돈 100만 원을 이용해 삼성전자 주식 1주를 매수했다. 삼성전자 주식이 10%가 상승했고, A씨는 주식을 매도해 110만 원을 받았다. 원금 100만 원을 제외하면 A씨는 10만 원의 수익을 달성했다.

b. 또 다른 개인투자자 B씨는 자신이 갖고 있는 돈 100만 원과 은행에서 이자 5%로 100만 원을 대출 받았다. 총 200만 원으로 삼성전자 주식 2주를 매수했다. 삼성전자 주식이 10% 상승하면서, B씨는 주식을 매도해 220만 원을 받았다. 그 중에 은행에 빌렸던 100만 원과 5%의 이자 5만 원을 합쳐 105만 원으로 갚았다.

〈풀이〉100만 원(자신의 돈) + 100만 원(은행 대출) = 200만 원 → 삼성전자 2주 매수

삼성전자 주식 10% 상승 시 매도 = 220만 원

220만 원 − 105만 원(은행 대출 원금 + 5% 이자) − 100만 원(자신의 돈) = 15만 원

→ A씨와 B씨는 똑같은 자산으로 투자했지만 은행 대출로 레버리지 효과를 노린 B씨가 A씨보다 5만 원의 수익이 더 발생했다.

## ④ 물타기

주가가 떨어질 때 매수물량을 늘려 평균단가를 낮추는 방법을 말한다. 하락세일 때 물량을 늘려 평균단가를 낮추면, 매수 단가와 하락폭의 차이가 줄어듦으로써 반등 시 수익으로 전환 될 가능성이 높아진다.

〈예시〉

삼성전자 1주를 100만 원에 매수했다. 삼성전자 주가가 계속 떨어지기 시작하면서 80만 원이 되었고, 80만 원에 1주를 추가 매수하여 2주를 평균 단가 90만 원에 맞춰놓았다.

〈풀이〉a. 1주만 들고 있었으면, 주가가 100만 원이 되었을 때 본전이지만, 평균 단가를 90만 원으로 맞춰 놓음으로써 1주당 10만 원의 수익이 발생한다.

b. 만약 주가가 100만 원을 회복하고 110만 원이 되었을 때, 기존 1주만 보유했다면 10만 원의 수익밖에 얻지 못하지만 평균 단가를 90만 원으로 맞춰 놓았기 때문에 20만 원의 수익을 얻을 수 있고, 물량이 1주 더 있기 때문에 오히려 더 큰 수익을 창출할 수 있다.

## 4) 매매관련 용어 4

### ① 경기 민감주와 방어주

경기에 따라 매출액에 영향을 받는 차이가 크거나 작은 종목을 말한다.

| | |
|---|---|
| 경기민감주 | 경제가 살아나면 크게 상승을 보이지만, 경제 침체 시 하락폭도 그만큼 큰 변동성을 가진 종목을 말한다. 예를 들어, 자동차, 철강, 항공, 운수, 석유화학, 건설, IT, 제지, 반도체 업종이 일반적으로 이에 속한다. |
| 경기방어주 | 경기의 영향을 받지 않고 상대적으로 일정하게 움직이는 종목을 말한다. 예를 들어, 전력, 가스, 철도 등 공공재와 의약품, 식료품, 주류 등 생활필수품 등이 이에 속한다. |

### ② 테마주

순간 이슈가 되며 주목을 받는 주식을 말한다. 정치 테마주, 대북 테마주, 중국 관련 테마주 등 다양한 테마주가 존재한다. 하지만 이들은 탄탄한 재무 상황이나 성장성이 뒷받침되지 않은 풍문에 의해 움직일 가능성이 높기 때문에 투자에 큰 위험성을 가지고 있다.

### ③ 동전주

1,000원 미만의 저가 주식을 말한다. 동전주는 한 주당 가격이 굉장히 낮기 때문에 주가 변동폭이 상대적으로 크다. 또한, 물량 매집이 쉽기 때문에 세력들이 작전을 펼치기에도 좋은 종목이다. 초보투자자들은 가격이 싼 동전주에 관심을 많이 가진다. 하지만 큰 변동성과 세력의 개입 등 위험한 요소들이 많이 있기 때문에 접근하지 않는 것이 좋다.

### ④ 가치주

높은 실적과 안정적인 수익구조로 상대적으로 다른 종목에 비해 변동성이 낮다(ex. 대형주).

### ⑤ 성장주

성장성이 높아 미래가치가 높게 평가되는 기업을 말한다. 성장가능성이 높아 장래 주가 상승성이 높지만 실적, 수익 구조가 상대적으로 불안정하기 때문에 주가의 변동성이 클 수 있다. 그렇기 때문에 완벽히 기업 분석이 되어있지 않은 상태에서 성장주에 투자하는 것은 위험할 수 있다.

# 5) 매매관련 용어 5

## ① 공매도

주식을 소유하지 않은 상태에서 주식을 빌려 매도 주문을 낸 후 다시 주식을 산 후 차익을 노리는 매매기법을 말한다. 일반 개인투자자는 할 수 없고, 기관투자자와 외국인투자자만 할 수 있다. 보통 주가가 하락할 것이라고 예상될 경우 공매도를 한다.

〈예시〉

기관투자자 A증권은 삼성전자 주가가 떨어질 것을 예측하여 공매도를 진행하고자 한다. 시장에서 1주에 100만 원하는 삼성전자 주식 1주를 빌려서 시장에 매도하면 100만 원이 생긴다. 며칠 후 실제로 삼성전자 주가가 하락해 80만 원이 되었고, A증권도 1주를 갚아야 할 시점이 왔다. A증권은 공매도하여 생긴 100만 원으로 현재 80만 원에 거래되는 삼성전자 주식 1주를 매수하여 갚으면 20만 원의 차익을 얻을 수 있다.

〈풀이〉

공매도는 주가 하락 시 수익이 발생하는 구조이기 때문에 자신이 투자하려는 종목에 공매도 물량이 많다면 주가 하락의 가능성을 의심해보아야 한다.

## ② 헤징(Hedging)

시장에서 발생할 가격변동으로부터 야기되는 위험에 노출되는 정도를 감소시키는 행위를 말한다. 즉, 투자한 종목과 반대 포지션인 다른 종목에 투자함으로써 수익은 제한되지만, 손실을 방어하는 전략을 말한다.

〈예시〉

A투자자는 여름에 우산을 만드는 기업과 선글라스를 만드는 기업에 주식 투자를 고려하고 있다. 비가 오면 우산을 만드는 기업의 주가는 10%가 올라가고 해가 뜨면 5%가 하락한다. 반대로 선글라스를 만드는 기업은 해가 뜨면 주가가 10% 올라가고, 비가 오면 5%가 하락한다. 우산 제조 기업, 선글라스 제조 기업 모두 1주 가격은 100만 원이다.

| 구분 | 우산 기업 | 선글라스 기업 |
|---|---|---|
| 비가 올 때 | +10% | −5% |
| 해가 뜰 때 | −5% | +10% |

〈풀이〉

- 우산 기업 주식 2주 매수 : 비가 오면 20만 원의 수익을 낼 수 있지만, 해가 뜨면 10만 원의 손실을 얻는다.
- 선글라스 기업 주식 2주 매수 : 해가 뜨면 20만 원의 수익을 낼 수 있지만, 비가 오면 10만 원의 손실을 얻는다.
- 우산 기업 1주, 선글라스 기업 1주 매수

| | |
|---|---|
| 비 | 선글라스 기업 주식에서 5만 원의 손실이 나지만, 우산 기업 주식에서 10만 원의 수익이 발생된다.<br>→ 총수익 : 5만 원 |
| 해 | 우산 기업 주식에서 5만 원의 손실이 나지만, 선글라스 기업 주식에서 10만 원의 수익이 발생된다.<br>→ 총수익 : 5만 원 |

우산 기업, 선글라스 기업 1주씩 매수하면 수익의 폭은 줄어들지만, 절대 손실이 나지 않는다. 이렇듯 전략을 통해 위험을 줄이는 과정을 헤징이라 한다.

## ③ 데이 트레이딩

하루의 가격움직임을 이용하여 매매차익을 내는 것을 말한다. 분, 초 단위로 주가 흐름을 지켜보다 움직임이 빠르고 큰 주식을 포착하여 단기시세차익을 노리기 때문에 큰 변동성을 보이는 종목에 관심을 가질 수밖에 없다. 이런 매매 방법은 높은 위험을 가지고 있다.

# 2. 꼭 알아야 할 증권용어 정리 2

## 1) 주식의 종류

### ① 이익참여순위와 의결권에 따른 분류

- **보통주**
  주주총회에 참석하여 의결권을 행사할 수 있다. 주주평등의 원칙에 의해 현재 발행되는 국내 주식은 대부분이 보통주이다. 배당 측면에서 우선주가 배당을 받은 다음에 잔여이익에 대해 배당금을 받는다.

- **우선주**
  경영참여를 위한 의결권은 없으며, 이익 배당이나 재산을 분배하는 경우 보통주보다 우선권을 갖는다. 흔히, 보통주보다 배당을 먼저 받거나, 배당률이 보통주보다 높다.

- **후배주**
  이익분배의 참가 순위가 보통주보다 후순위 주식을 말한다. 국내 주식 시장에서 거의 보기가 힘든 주식의 종류이다.

### ② 시가총액에 따른 분류

- **시가총액 = 기업의 발행 주식수 × 1주당 주가**
  기업의 규모를 평가할 때 사용하는 지표로서, 주가는 시시각각 변하기 때문에 보통 그날의 종가에 상장 주식수를 곱해 매일 측정한다.

- **대형주**
  시가총액이 크고 업종을 대표할 수 있는 주식을 말한다. 기본적인 분류는 자본금에 따라 500억 원이 넘거나 시가총액 1~200위 기업을 보통 대형주로 분류한다.
  자본금이 큰 만큼 발행주식수가 많고 유통주식수도 상대적으로 많다. 거액을 투자하는 외국인, 기관투자자가 선호하고 대형주는 시가총액이 높아 종합주가지수에도 미치는 영향력이 크다.

- **중형주**
  보통 시가총액이 201~400위까지인 주식을 말하며 자본금이 350억 원~500억 원 사이의 종목을 중형주로 분류한다.

- **소형주**
  시가총액이 상대적으로 낮은 주식을 말하며 자본금이 350억 원 이하인 종목들을 소형주로 분류한다. 가장 많은 종목수가 소형주로 분류되며 보통 투자자금이 작은 개인투자자들이 선호한다. 시가총액이 상대적으로 작기 때문에 종합주가지수에 미치는 영향력이 작다.

### ③ 블루칩 & 옐로우칩

- **블루칩**
  이익창출이 안정적이고 이뤄지고 배당지급 또한 안정적으로 실행해 오고 있는 기업의 우량주를 말한다.

- **옐로우칩**
  블루칩보다는 시가총액면에서는 밀리지만, 재무구조가 안정적이고 업종을 대표하고 있는 우량주를 일컫는다.

## 2) 주식관련 용어 1

### ① 액면

주권에 표시되어 있는 가격을 말한다. 주당 5천 원이 일반적이다. 하지만 1천 원, 500원, 100원 등 액면가가 분할되는 경우가 많다. 시장에 형성되어 있는 시장가(주가)와는 다른 개념이다.

### ② 액면분할

주식에 표기된 가격을 일정한 비율로 나눈 것을 일컫는다(분할 비율만큼 증가). 액면분할을 하게 되면 액면가는 줄어들고, 주식수는 많아지게 된다.

> 〈예시〉 삼성전자의 1주당 액면가는 5,000원이다. 하지만 액면분할하여 1주를 2주로 나누었다면 5,000원짜리 주식 1주는 2,500원짜리 주식 2주로 나뉘게 된다.
>
> → 유동주식수가 늘어나므로 거래량 증가의 효과가 있다.

### ③ 액면병합

주식을 합쳐 액면가를 높이는 것으로 주식수는 감소한다.

> 〈예시〉 삼성전자 1주당 액면가는 5,000원이고, 시중에 유통되는 주식수는 100주이다. 삼성전자 주식을 액면병합하여 2주를 1주로 합치면, 액면가는 10,000원으로 두 배가 되고, 주식수는 50주로 줄어들게 된다. 남는 주식은 신주상장 첫날 종가 기준으로 현금 지급한다.
>
> → 주가가 지지부진할 때 유동주식수를 줄임으로써 주가의 변동성이 확대되는 효과가 있다.

### ④ 공시

사업내용이나 재무상황, 영업실적 등 가격과 거래에 영향을 줄 수 있는 중요사항에 대한 정보알림을 말한다. 금융당국은 공시제도를 통해 기업으로 하여금 이해관계자(주주, 채권자, 투자자 등)를 위해 해당 기업의 재무내용 등 권리행사나 투자판단에 필요한 자료를 알리도록 의무화하고 있다. 공시는 누구든지 쉽고, 이해하기 쉽게 제공되어야 하기 때문에 어디에서든 정보를 얻을 수 있다(HTS에서도 공시는 바로 확인 가능).

# 3) 주식관련 용어 2

## ① 유상증자

- 회사가 부족한 자금을 추가로 조달하기 위해 불특정 다수 또는 주주나 특정인을 대상으로 주식을 추가 발행하는 것을 말한다.

- 회사가 사업에 필요한 자금을 주식시장에서 추가 조달하는 방법으로 주식을 새로 추가 발행해 시장에 풀기 때문에 유통주식수는 더 늘어난다.

- **보통 유상증자를 하게 되면 주가는 하락한다.** 기업의 재무상황에 문제가 있기 때문에 보통 기업 외부에서 필요한 자금을 조달하기 때문이다.

## ② 무상증자

- 회사가 가지고 있는 자본준비금과 잉여금을 주주들에게 무상으로 신주를 발행하여 지급하는 것을 말한다.

- 무상증자는 기업이 벌어들인 이익의 나머지(잉여금)에 대해서 주식을 발행해 주주에게 나누어주기 때문에 기업 자본의 변화는 절대 없다.

- 보통 주주들에 대한 포상의 의미로 무상증자를 실시하고, 기업의 재무구조가 탄탄함을 알릴 수 있는 방법이기도 하기 때문에 무상증자를 실시한 기업은 **단기적으로 주가가 상승하는 효과**가 있다. 하지만 재무구조가 탄탄하지 않은 소형 기업이 무상증자를 실시하는 경우, 보통 작전일 가능성이 크고, 무상증자로 단기간 상승한 주가에 매매 차익을 이용하려는 의도가 숨어있기도 하다.

## ③ 무상감자

- 자본금을 축소하기 위한 수단으로 주식의 수를 일정한 비율로 줄이는 것을 말한다.

- 보통 기업이 재무적으로 힘들 때 회계상의 손실을 덜어내고자 사용하는 방법이며, 주주들은 보상도 없이 주식을 잃게 되기 때문에 보통 무상감자를 실시하면 주가는 하락하게 된다.

## 4) 주식관련 용어 3

### ① 주식 VS 채권(회사채)

- 주식과 채권(회사채) 모두 기업이 필요한 자금을 외부에서 조달하는 방법이다.

- 채권
  - 채권은 기업이 필요한 금액(원금)을 빌리고 만기를 정해 만기 시에 원금을 갚는 방법이다. 그 과정에서 채권을 구입한 투자자들에게 일정한 기간내에 금액과 이자를 지급하는 방식이다.

- 주식
  - 주식은 주식시장에 필요한 자금만큼 주식을 발행해 그 금액만큼 조달하는 방식이다. 채권과 달리 특정 이자를 지급할 필요는 없다. 하지만 기업에 대한 지분을 나누어주기 때문에 기업의 이익의 일정 부분을 주주에게 배분한다.

- 회계상 채권은 기업의 부채로 인식되고, 주식은 자본으로 인식된다.

### ② 전환사채(CB)

일정한 조건에 따라 주식으로 전환할 수 있는 권리가 부여된 회사채를 말한다. 채권을 보유한 투자자는 일정시간이 지나고 조건이 충족되면 해당 기업의 주식으로 자신이 보유한 채권과 교환할 수 있는 권리가 생긴다. 기업이 성장하여 주식의 가치가 채권에서 나오는 가치보다 크다고 판단되면 주식으로 바꿀 수 있는 권리가 투자자에게 있기 때문에 채권의 이자가 적은 편이다.
기업은 일반 채권으로 자금 조달이 부담스러울 경우 전환사채를 이용하여 좀 더 적은 비용 부담으로 자금을 조달할 수 있다. 일반적으로 전환사채 발행은 단기적으로 주식 가치를 하락시킨다. 하지만 경우에 따라 향후 전망이 좋다면 단기 하락 이후 상승할 가능성이 높다.

### ③ 신주인수권부사채(BW)

회사채 발행 시 미리 약정된 가격으로 신주 교부를 청구할 수 있는 권리를 말한다. 전환사채가 채권과 해당 기업 주식의 맞대응 교환이라 하면, 신주인수권부사채는 채권을 그대로 들고 있되, 기업이 주식을 새로 발행할 시 해당 주식을 먼저, 그리고 싸게 살 수 있는 권리가 부여되어 있다.
전환사채와 마찬가지로 기업의 이자 부담이 적기 때문에 좀 더 적은 비용으로 자금을 조달하고자 할 때 활용된다. 전환사채와 마찬가지로 신주인수권부사채 발행은 단기적인 주가 하락을 가져올 수 있다. 하지만 유통주식수와 비교 등 다양한 요인이 주가에 영향을 미치기 때문에 반드시 주가 하락을 가져오진 않는다.

### ④ 교환사채(EB)

채권보유자의 의사에 따라 다른 유가증권으로 교환할 수 있는 회사채를 말한다. 전환사채가 해당 기업의 주식과 채권을 교환하는 형태라면, 교환사채는 해당 기업이 보유한 다른 기업의 주식과 교환할 수 있는 권리가 부여되어 있다.
예를 들어, 삼성전자의 교환사채를 가지고 있는 투자자가 권리를 행사했다면 삼성전자의 주식이 아닌 삼성전자가 보유한 가령, 삼성물산, 삼성SDI 등 다른 기업의 주식과 교환할 수 있다. 전환사채, 신주인수권부사채와 마찬가지로 더 적은 비용으로 자금을 조달할 때 활용된다.

## ⑤ 배당

주식을 가지고 있는 사람에게 지분에 따라 기업의 이윤을 분배하는 것을 뜻한다. 보통 기업이 활용하고 남은 당기순이익으로 1주당 배당금을 분배한다. 채권이 고정 이자를 의무적으로 지급해야 한다면, 배당은 의무적으로 지급할 의무는 없다. 배당을 많이 주는 고배당주의 경우 매력이 높아 투자가 많이 몰리기도 한다.

# 5) 주식관련 용어 4

## ① 개미

개인투자자를 낮추어 부르는 은어를 말한다.

## ② 기관투자자

법인형태를 취하고 있는 기관으로서의 투자자를 말한다. 기관투자자에는 은행, 보험회사, 증권회사, 투자신탁회사, 기금을 관리 · 운용하는 법인, 공제사업을 영위하는 법인 등이 포함된다. 투자지식이나 자본력은 개인보다 우세하며, 경제적 기능이나 증권시장에 대한 영향력도 크다.

## ③ 외국인투자자

막대한 투자금으로 선물 및 유가증권시장에 공격적인 투자자를 말한다. 기관투자자와 마찬가지로 외국투자법인들이 국내 자본시장에서 투자를 한다. 기관과 함께 막대한 자본금과 전문성으로 증권시장에 주는 영향력이 크다.

## ④ 검은머리 외국인

국내투자자가 외국의 회사나 영주권을 이용해서 외국인 투자로 잡히는 것을 말한다. 계좌로는 외국인계좌로 보이지만 실제로 운용하는 사람은 한국인으로 단기적으로 치고 빠지는 투자전략으로 한국의 일반투자자처럼 주식매매를 하는 자를 말한다.
보통 개인투자자들이 외국인 투자자의 수급에 따라 투자를 한다는 습관을 이용해 개인투자자를 속이기 위한 작전 세력일 가능성이 크다.

## 3. 꼭 알아야 할 증권용어 정리 3

### 1) 증권과 파생상품의 차이(투자관점)

원금(자신이 투자한 돈) 초과 손실의 유무에 따라 차이가 발생한다.

**① 주식투자의 경우, 원금 이상의 손실은 제한적이다.**

주식의 가치가 '0'밑으로 떨어지는 일이 없기 때문에 자신이 투자한 금액만큼만 손실을 입게 된다.

**② 파생상품은 투자원금을 초과하는 손실 발생 가능성도 있다.**

파생상품은 주식과 달리 자신이 투자한 금액 이상의 손실이 발생해 손익이 '0'이 아니라 (–)로 갈 수도 있다.

**③ 파생상품은 기초자산에 따라 가격변동이 발생된다.**

파생상품은 다양한 자산이 기초가 되어 이들의 가격변동에 파생되어 생성된 투자 상품이다.

### 2) 파생상품 관련 용어 1

파생상품이란 하나의 자산에 대해서 미래 특정시점의 가격을 예측하여 투자하는 투자 상품을 말한다. 파생상품에는 선물, 선도, 옵션, 스왑이 있으며, 주식시장과 함께 자본시장을 이루는 하나의 큰 시장을 형성하고 있고, 규모 측면에서 주식시장보다 크다.

**① 기초자산**

선물 또는 옵션계약의 거래대상이 되는 상품을 말한다(선물&옵션 = 코스피200 지수가 기초자산). 기초자산의 종류는 다양하게 존재한다. 코스피200과 같이 주가지수로도 존재하고, 유가, 옥수수, 삼성전자 개별주식 등 다양한 기초자산을 통해 파생상품을 만들어 낼 수 있다.

**② 선물거래**

기초상품을 미래 시점에 인수, 인도할 것을 정해두고 거래하는 것을 말한다. 거래소에서 관리하는 시장으로 장내 파생상품으로 분류된다. 거래소가 거래를 관리하기 때문에 안전하고, 거래가 형식화되고 규격화 되어 있다.

## ③ 선도거래

거래형식이 규격화되어 있지 않고 당사자들의 협의에 따라 미래시점에 인수, 인도할 것을 정해두고 거래하는 방식을 말한다. 거래소에서 규격화된 거래를 하는 선물거래와 달리 선도거래는 시장 밖에서 당사자들끼리 계약을 맺는 것을 말한다. 자유롭게 거래 요건이 성립되고, 다양한 상품들이 오고갈 수 있다. 하지만 당사자들끼리의 협의로만 거래가 진행되기 때문에 그만큼 위험하고, 다양한 불확실성이 존재한다.

〈예시〉

투자자A는 사과 가격이 앞으로 한 달 후에 상승할 것이라고 예측하고, 반대로 투자자B는 떨어질 것이라고 예측한다고 가정하자. 투자자A와 B는 서로 만나 현재 시점에서 사과 가격을 정해 한 달 뒤에 만나 사과를 사고파는 계약을 맺는다면 선도거래가 성립하는 것이다. 다만 서로가 팔려는 가격과 사려는 가격이 일치해야 계약이 이루어질 수 있다.

## ④ 스왑거래

계약 조건 등에 따라 일정 시점에 기초자산의 교환이 이루어지는 거래를 말한다. 보통 국가와 국가 사이, 은행과 은행 사이 등 거래 규모가 굉장히 크고, 금리, 통화가 기초자산으로 이루어진 스왑거래가 대부분이다.

# 3) 파생상품 관련 용어 2

## ① 옵션

기초상품을 미래 시점에 사거나 팔 수 있는 **권리**를 거래한다. 선물이나 선도는 반드시 만기일에 거래를 체결해야 하지만 옵션은 사거나 파는 선택을 할 수 있다.

〈참고〉 선물과 옵션의 비교

- 선물
  삼성전자 주식을 한 달 뒤에 100만 원에 사기로 하는 선물 계약을 맺었다. 한 달 뒤에 주가가 90만 원이 되었다면 100만 원에 사야 하는 의무가 있기 때문에 10만 원의 손해를 감수하며 주식을 100만 원에 사야만 한다.

- 옵션
  삼성전자 주식을 한 달 뒤에 100만 원에 살 수 있는 옵션을 가지고 있다고 하자. 만약 한 달 뒤에 삼성전자 주식이 90만 원이 되었다면 100만 원에 살 수 있는 권리가 무색해진다. 굳이 10만 원의 손해를 보며 주식을 살 필요가 없기 때문에 가지고 있는 옵션의 권리를 포기하면 된다.

## ② 콜옵션

기초자산을 약정된 가격으로 미래시점에 매입할 수 있는 권리를 말한다. 매수자는 기초자산의 가격이 상승하면 이익을 얻는 구조이다.

> **〈예시〉**
>
> 삼성전자 주식을 한 달 뒤에 100만 원에 살 수 있는 콜옵션을 보유하고 있다. 한 달 뒤 삼성전자 주가가 110만 원이 되었다면 콜옵션을 보유한 투자자는 권리를 행사해 110만 원짜리 주식을 100만 원에 취득할 수 있다. 따라서 110 – 100 = 10만 원만큼의 수익을 얻을 수 있다.

## ③ 풋옵션

기초자산을 약정된 가격으로 미래시점에 매도할 수 있는 권리를 말한다. 매수자는 기초자산의 가격이 하락하면 이익을 얻는 구조이다.

> **〈예시〉**
>
> 삼성전자 주식을 한 달 뒤에 100만 원에 팔 수 있는 풋옵션을 보유하고 있다. 한 달 뒤 삼성전자 주가가 90만 원이 되었다면 풋옵션을 보유한 투자자는 권리를 행사해 90만 원짜리 주식을 100만 원에 팔 수 있다. 따라서 100 – 90 = 10만 원만큼의 수익을 얻을 수 있다.

## ④ 행사가격

옵션거래 시 미리 정해진 권리를 행사할 수 있는 가격을 말한다.

- 콜옵션 보유자의 경우 : 기초자산가격이 행사가격보다 높다면 옵션을 행사함으로써 수익을 얻을 수 있다.
- 풋옵션 보유자의 경우 : 기초자산가격이 행사가격보다 낮으면 옵션을 행사함으로써 수익을 챙길 수 있다.

# 4) 파생상품관련 용어 3 (옵션)

## ① 매수포지션

옵션을 사는 입장, 행사할 수 있는 권리를 프리미엄을 지불하면서 사는 포지션을 말한다.

- 콜옵션 매수 : 만기 시 행사가격에 기초자산을 살 수 있는 권리를 매도자에게 프리미엄을 지불하면서 사는 것
- 풋옵션 매수 : 만기 시 행사가격에 기초자산을 팔 수 있는 권리를 매도자에게 프리미엄을 지불하면서 사는 것

### ② 매도포지션

옵션을 파는 입장, 행사할 수 있는 권리를 프리미엄을 받으면서 파는 포지션, 옵션 매수자가 권리 행사 시 이행해야 하는 의무가 있다.

- 콜옵션 매도 : 만기 시 행사가격에 기초자산을 살 수 있는 권리를 매수자에게 프리미엄을 받고 파는 것
- 풋옵션 매도 : 만기 시 행사가격에 기초자산을 팔 수 있는 권리를 매수자에게 프리미엄을 받고 파는 것

### ③ 프리미엄

옵션 매도자가 매수자에게 받는 권리(옵션)의 가치를 말한다. 옵션도 가치가 존재한다. 기초자산의 가격이 높아질 여력이 크다면 콜옵션의 가치는 높아지고, 기초자산의 가격이 낮아질 여력이 크다면 풋옵션의 가치는 높아질 것이다. 그만큼 옵션이 갖고 있는 프리미엄이 높아지고 옵션 매수자는 매도자에게 더 높은 프리미엄을 지불하고 옵션을 매수해야 한다.

얼핏보면 옵션 매도자는 무조건 의무만 져야 하기 때문에 이익이 생기지 않는 것처럼 보인다. 하지만 매도자는 옵션을 팔 때, 프리미엄을 받기 때문에 만기 시 기초자산이 행사가격의 이탈로 옵션 매수자가 권리를 행사하지 않는다면 프리미엄만큼의 이익을 챙길 수 있다.

### ④ 옵션테이블

현재 콜/풋 옵션 상품의 거래되고 있는 상태를 보여주는 HTS의 테이블을 말한다. 옵션테이블을 이용하여 현재 거래되고 있는 콜/풋 옵션 매매를 통해 향후 지수 밴드 예측에 도움이 된다.

**[0794] 투자자별포지션종합**

○일자 2016/04/20　○누적 ◉기간 2016/04/20 ~ 2016/04/20　○수량 ◉금액　◉천원 ○백만원　조회　화면 유의사항

아래의 투자자별 포지션은 당사 추정치(유의사항 참조)입니다. 모든 투자판단은 투자자의 책임임을 유의하시기 바랍니다.

| 콜 옵 션 | | | | | | | | 구분 | 풋 옵 션 | | | | | | | |
|---|---|---|---|---|---|---|---|---|---|---|---|---|---|---|---|---|
| 투신 | 금융투자 | 외국인 | 개인 | 거래량 | 대비 | 등락률 | 현재가 | 행사가 | 현재가 | 등락률 | 대비 | 거래량 | 개인 | 외국인 | 금융투자 | 투신 |
|  | 25 | 15 | 5 | 48 | 0 | 0% | 0.01 | 272.50 | 23.15 | 3.34% ▼ | 0.80 | 3 |  |  |  |  |
|  | 110 | 30 | 180 | 1,601 | 0 | 0% | 0.01 | 270.00 | 22.05 | 2.56% ▲ | 0.55 | 1 |  |  |  |  |
|  | 990 | 515 | 595 | 3,431 ▼ | 0.01 | 50.00% | 0.01 | 267.50 | 19.50 | 0.78% ▲ | 0.15 | 1 |  |  |  |  |
|  | 4,990 | 3,940 | 570 | 21,769 | 0 | 0% | 0.02 | 265.00 | 17.00 | 4.29% ▲ | 0.70 | 1 |  |  |  |  |
| 120 | 2,870 | 9,380 | 5,005 | 38,787 ▼ | 0.01 | 20.00% | 0.04 | 262.50 | 14.05 | 1.40% ▼ | 0.20 | 1 |  |  |  |  |
| 35 | 17,235 | 83,155 | 41,495 | 68,824 ▼ | 0.04 | 40.00% | 0.06 | 260.00 | 11.20 | 4.27% ▼ | 0.50 | 1 |  |  |  |  |
| 380 | 140,110 | 131,905 | 83,845 | 79,873 ▼ | 0.08 | 34.78% | 0.15 | 257.50 | 8.20 | 12.77% ▼ | 1.20 | 1 |  |  |  |  |
| 2,870 | 555,760 | 2,700 | 302,705 | 94,253 ▼ | 0.18 | 34.62% | 0.34 | 255.00 | 7.85 | 11.35% ▲ | 0.80 | 263 | 4,405 | 3,775 | 3,415 | 3,775 |
| 10,030 | 407,980 | 1,960,295 | 902,905 | 90,721 ▼ | 0.29 | 26.36% | 0.81 | 252.50 | 5.72 | 12.16% ▲ | 0.62 | 1,190 | 15,565 | 2,915 | 14,725 | 2,570 |
| 9,110 | 870,985 | 772,260 | 559,650 | 65,001 ▼ | 0.38 | 18.81% | 1.64 | 250.00 | 4.02 | 14.53% ▲ | 0.51 | 13,277 | 1,285 | 120,625 | 11,745 | 6,860 |
| 1,375 | 462,610 | 123,525 | 368,230 | 17,138 ▼ | 0.54 | 16.22% | 2.79 | 247.50 | 2.75 | 18.03% ▲ | 0.42 | 55,621 | 208,695 | 846,265 | 69,520 | 56,195 |
|  | 10,080 | 48,950 | 46,735 | 1,488 ▼ | 0.65 | 13.00% | 4.35 | 245.00 | 1.79 | 18.54% ▲ | 0.28 | 66,855 | 127,690 | 1,926,075 | 84,150 | 34,960 |
|  | 7,140 |  | 17,395 | 265 ▼ | 0.76 | 10.94% | 6.19 | 242.50 | 1.17 | 21.88% ▲ | 0.21 | 69,509 | 1,206,480 | 1,709,810 | 40,775 | 64,545 |
|  |  | 30,030 |  | 39 ▼ | 0.59 | 6.65% | 8.28 | 240.00 | 0.79 | 31.67% ▲ | 0.19 | 60,069 | 764,035 | 685,910 | 42,545 | 9,605 |
|  |  | 27,625 |  | 6 ▼ | 0.55 | 4.74% | 11.05 | 237.50 | 0.47 | 27.03% ▲ | 0.10 | 48,102 | 873,250 | 73,245 | 22,500 | 72,055 |
|  |  | 6,650 | 6,700 | 29 ▼ | 0.70 | 5.24% | 12.65 | 235.00 | 0.30 | 30.43% ▲ | 0.07 | 45,904 | 264,490 | 537,315 | 1,770 | 2,980 |
|  |  | 15,800 |  | 2 ▼ | 0.60 | 3.80% | 15.20 | 232.50 | 0.20 | 33.33% ▲ | 0.05 | 39,150 | 53,490 | 126,655 | 23,760 | 2,245 |
|  |  |  |  | 9 ▼ | 0.90 | 4.90% | 17.45 | 230.00 | 0.14 | 27.27% ▲ | 0.03 | 25,663 | 25,005 | 30,825 | 16,345 | 15,615 |
|  |  |  |  | 0 | 0 | 0% | 20.70 | 227.50 | 0.10 | 42.86% ▲ | 0.03 | 13,854 | 33,385 | 2,865 | 10,375 | 1,915 |
|  |  |  |  | 4 ▼ | 0.75 | 3.24% | 22.40 | 225.00 | 0.07 | 40.00% ▲ | 0.02 | 9,013 | 10,550 | 3,135 | 11,205 | 90 |
|  |  |  |  | 1 ▲ | 1.20 | 4.67% | 26.90 | 222.50 | 0.06 | 20.00% ▲ | 0.01 | 4,168 | 9,955 | 13,720 | 825 | 725 |
|  |  |  |  | 4 ▼ | 0.70 | 2.50% | 27.30 | 220.00 | 0.04 | 33.33% ▲ | 0.01 | 4,931 | 3,020 | 310 | 6,240 | 740 |
|  |  |  |  | 1 ▲ | 0.25 | 0.81% | 31.05 | 217.50 | 0.03 | 50.00% ▲ | 0.01 | 3,007 | 1,990 | 1,780 | 1,880 |  |
|  |  |  |  | 2 ▼ | 0.60 | 1.81% | 32.50 | 215.00 | 0.03 | 50.00% ▲ | 0.01 | 2,182 | 3,325 | 690 | 3,480 |  |
|  |  |  |  | 1 ▲ | 0.20 | 0.56% | 35.80 | 212.50 | 0.02 | 0% | 0 | 1,328 | 220 | 110 | 680 | 160 |
|  |  |  |  | 2 ▲ | 0.35 | 0.92% | 38.50 | 210.00 | 0.02 | 100.00% ▲ | 0.01 | 99 |  |  |  | 30 |

〈HTS의 옵션테이블 현황〉

## 5) 파생상품관련 용어 4

### ① 선물, 옵션 만기일

**선물**은 **분기**(3월/6월/9월/12월), **옵션**은 **매월** 두 번째 목요일이 만기일이다. 보통 파생상품의 만기일에는 실제로 결제가 이루어지기 때문에 시장에 큰 변동성이 생기며 이는 현물시장, 즉 주식시장에도 막대한 영향을 미칠 수 있기 때문에 선물, 옵션의 만기일이 가까워지면 증시의 흐름을 잘 살펴보아야 한다.

### ② 트리플위칭데이(Triple Witching Day)

**주가지수선물, 주가지수옵션, 개별주식옵션의 만기가 동시에 겹치는 날**(3월/6월/9월/12월)을 말한다. 이 날은 주가가 막판에 요동칠 때가 많아 '세 마녀(파생상품)가 심술을 부린다'는 뜻으로 '세 마녀의 날'이라 부르기도 한다. 세 마녀의 날에는 파생상품과 관련해 숨어있던 현물 주식 매매가 정리매물로 시장에 쏟아져 나오면서 예상하기 힘든 주가 움직임을 나타낸다. 예를 들어 현·선물 간 가격차를 이용한 매수차익잔고나 매도차익잔고 물량이 시장에 나오면서 예상치 못한 주가 급등락을 불러온다. 따라서 만기일 근처에서는 주가의 변동성이 더 커질 가능성이 높다.

### ③ 왝더독(Wag the Dog)

선물시장에 의해 현물시장이 좌지우지되는 현상을 말한다. 우리말로 주객전도, '꼬리가 개를 흔든다'는 뜻으로 파생상품의 거래가 많아지고 규모가 커짐에 따라 오히려 기초자산을 이루는 현물시장에 영향을 미치게 되는 상황을 비유하는 말이다.

# 4. 꼭 알아야 할 증권용어 정리 4

## 1) 파생상품관련 용어

### ① 베이시스(Basis)

선물가격에서 현물가격(KOSPI200)을 뺀 값을 말한다.

〈예시〉 KOSPI200 = 245pt, 선물지수 247pt일 경우 베이시스는? 2pt

선물가격과 현물가격 차이를 바탕으로 기관 투자자가 프로그램매매를 통해 이익을 추구한다.

- 콘탱고
  - 베이시스가 0보다 큰 경우, 정상시장(선물 − KOSPI200 〉 0)
  - 현물을 사고, 선물을 파는 거래가 이루어진다.
  - 콘탱고는 향후 시장이 올라갈 가능성이 크다.
  - 정상적인 시장이라면 콘탱고가 발생해야 한다. 같은 가격이라도 현재의 가치가 미래의 가치보다 높기 때문이다. 이를 반영하여 미래 가격인 선물 가격이 현물 가격보다 더 높아야 정상적인 시장이라 할 수 있다.

- 백워데이션
  - 베이시스가 0보다 작은 경우, 비정상시장(선물 − KOSPI200 〈 0)
  - 현물을 팔고, 선물을 사는 거래가 이루어진다.
  - 백워데이션은 향후 시장이 떨어질 가능성이 크다.
  - 현물시장이 선물시장보다 높다는 것은 화폐의 미래가치에 반대로 움직이는 현상이므로 시장이 정상적이라고 볼 수 없다.

### ② 프로그램매매

주식을 대량으로 거래하는 기관 투자자의 전산프로그램에 따라 매매되는 방식을 말한다. 컴퓨터 프로그램을 통해 한꺼번에 주문을 내며, 차익거래와 비차익거래로 나누어진다. 기관에 의해 대규모 자금이 움직이기 때문에 프로그램매매동향을 파악하여 시장의 흐름을 분석할 수 있다.

- 차익거래
  - 선물시장과 현물시장의 이론가격이 불일치 할 때, 고평가된 쪽을 매도, 저평가된 쪽을 매수하여 무위험 수익을 추구하기 위한 거래방식을 말한다.
  - 콘탱고, 백워데이션처럼 현물가격과 선물가격간의 차이가 발생한다면 고평가 매도, 저평가 매수를 통해 가격 차이만큼 아무런 위험을 부담하지 않고 이익을 실현할 수 있다.
  - 베이시스의 크기를 바탕으로 거래를 결정한다.

- 비차익거래
  - 선물흐름과 무관하게 코스피200 구성종목 중 15개 이상 종목을 구성하여 일시에 거래하는 매매를 말한다.
  - 바스켓(대규모)매매 형태로 이루어지기 때문에 거래대금이 굉장히 크다.
  - 시장에 미치는 영향이 크고, 비차익거래의 (+)와 (–) 흐름 여부에 따라 시장의 방향성을 예측해볼 수 있다.

| 일자 | 차익거래 | | | 비차익거래 | | | 전체 | | | KOSPI200 | BASIS |
|---|---|---|---|---|---|---|---|---|---|---|---|
| | 매도 | 매수 | 순매수 | 매도 | 매수 | 순매수 | 매도 | 매수 | 순매수 | | |
| 2016/04/20 | 11,285 | 9,245 | -2,040 | 900,751 | 988,781 | +88,030 | 912,036 | 998,026 | +85,990 | 247.26 | 0.74 |
| 2016/04/19 | 5,782 | 19,359 | +13,577 | 964,431 | 886,931 | -77,500 | 970,213 | 906,290 | -63,924 | 247.88 | 1.02 |
| 2016/04/18 | 32,584 | 19,268 | -13,317 | 893,570 | 1,040,118 | +146,548 | 926,154 | 1,059,386 | +133,232 | 248.00 | 0.35 |
| 2016/04/15 | 4,586 | 35,556 | +30,970 | 997,514 | 1,049,697 | +52,182 | 1,002,100 | 1,085,252 | +83,152 | 248.53 | 0.92 |
| 2016/04/14 | 10,375 | 42,953 | +32,578 | 1,130,654 | 1,661,416 | +530,762 | 1,141,029 | 1,704,369 | +563,340 | 248.89 | 0.41 |
| 2016/04/12 | 15,908 | 9,080 | -6,828 | 801,618 | 828,531 | +26,914 | 817,526 | 837,611 | +20,085 | 243.71 | 0.49 |
| 2016/04/11 | 15,567 | 6,628 | -8,939 | 736,203 | 651,945 | -84,258 | 751,770 | 658,574 | -93,196 | 242.06 | 0.59 |
| 2016/04/08 | 48,467 | 9,311 | -39,156 | 947,201 | 931,582 | -15,619 | 995,668 | 940,893 | -54,775 | 241.77 | 0.43 |
| 2016/04/07 | 13,878 | 4,466 | -9,412 | 1,017,886 | 922,322 | -95,564 | 1,031,764 | 926,788 | -104,976 | 242.29 | 0.71 |
| 2016/04/06 | 66,178 | 5,822 | -60,355 | 1,096,449 | 921,135 | -175,315 | 1,162,627 | 926,957 | -235,670 | 241.99 | 0.91 |
| 2016/04/05 | 54,202 | 4,680 | -49,522 | 901,266 | 849,071 | -52,195 | 955,468 | 853,751 | -101,717 | 240.58 | 0.72 |
| 2016/04/04 | 83,476 | 5,628 | -77,847 | 816,175 | 887,537 | +71,362 | 899,651 | 893,165 | -6,486 | 243.05 | 0.45 |
| 2016/04/01 | 26,849 | 67,085 | +40,237 | 1,265,226 | 983,873 | -281,354 | 1,292,075 | 1,050,958 | -241,117 | 242.36 | 0.19 |
| 2016/03/31 | 32,116 | 54,403 | +22,287 | 1,487,096 | 1,405,548 | -81,548 | 1,519,211 | 1,459,951 | -59,260 | 245.86 | 0.54 |
| 2016/03/30 | 25,659 | 56,198 | +30,539 | 965,954 | 1,040,782 | +74,828 | 991,612 | 1,096,979 | +105,367 | 246.54 | 1.26 |
| 2016/03/29 | 35,901 | 30,625 | -5,276 | 955,987 | 972,264 | +16,278 | 991,888 | 1,002,890 | +11,002 | 245.53 | 1.17 |
| 2016/03/28 | 30,851 | 17,961 | -12,890 | 548,878 | 590,826 | +41,949 | 579,728 | 608,787 | +29,059 | 243.95 | 1.45 |
| 2016/03/25 | 4,239 | 35,520 | +31,281 | 626,480 | 587,959 | -38,521 | 630,719 | 623,479 | -7,240 | 243.79 | 1.26 |

〈프로그램매매의 형태〉

## ③ 미결제약정

선물옵션시장에 투자자가 계약을 사거나 판 뒤 계약을 유지하고 있다는 것을 의미한다. 미결제약정이 높을수록 시장참여자가 많다는 것을 의미한다. 만기일 직전에 미결제약정이 많아진다면 수많은 거래가 이루어질 수 있기 때문에 만기일 직전에 미결제약정이 많아지면 시장의 변동성이 급격히 커질 수 있다.

# 2) 금융상품의 용어 이해

## ① 주식워런트 증권(ELW)

개별주식 또는 주가지수가 연계해 미리 시점과 가격을 정한 후 약정된 방법에 따라 사고 팔 수 있는 권리가 주어진 증권을 말한다. 옵션과의 차이는 거래 방법에 있다. 옵션이 주식으로 상장된 형태이기 때문에 일반 주식처럼 HTS에서 쉽게 사고 팔 수 있다. 옵션은 증거금과 거래단위가 크기 때문에 개인이 접근하기 어렵지만 ELW는 증거금이 없고, 50원부터 거래가 가능해 개인투자자도 거래에 부담이 없다.

## ② 상장지수펀드(ETF)

주식시장에서 거래가 가능한 거래 목적의 펀드 상품을 말한다. 개별주식과 달리 시장지수, 산업, 상품, 통화 등이 지수를 추종할 수 있어 안정적으로 수익을 추구할 수 있고, 펀드처럼 사고파는 것이 쉽다. 그 밖에 시장 움직임에 두 배의 수익을 제공하는 레버리지ETF, 시장이 하락하면 수익을 제공하는 인버스ETF, 국내 시장뿐만 아니라 중국 등 해외 증시를 추종하는 ETF 등 다양한 상품들이 존재하고 있다.

## ③ 주가연계증권(ELS)

특정 주식의 가격이나 주가지수의 수치에 연계한 증권을 말한다. 보통 자산을 우량채권에 투자하여 원금을 보존하고 일부를 주가지수, 옵션 등 금융파생 상품에 투자해 고수익을 노리는 금융상품을 말한다. 다양한 조건으로 ELS를 구성할 수 있다는 점도 장점이다. 주가 상승, 하락뿐만 아니라 일정 구간에서 주가가 움직일 것이라는 예측이 있으며, 이러한 조건으로 구성된 ELS에 가입하여 더 큰 수익을 추구할 수 있다.

## ④ 투자회사(Mutual Fund)

투자자에게 주식을 발행해 모은 자본금을 전문투자자에게 위탁해 운용하게 한 후 발생한 성과의 수수료를 지급한 뒤 성과를 배당금 형태로 지급하는 것을 말한다. 펀드매니저라 불리는 전문투자자가 자금을 위탁받아 투자를 진행하기 때문에 개인보다 전문성 있는 투자를 할 수 있다.

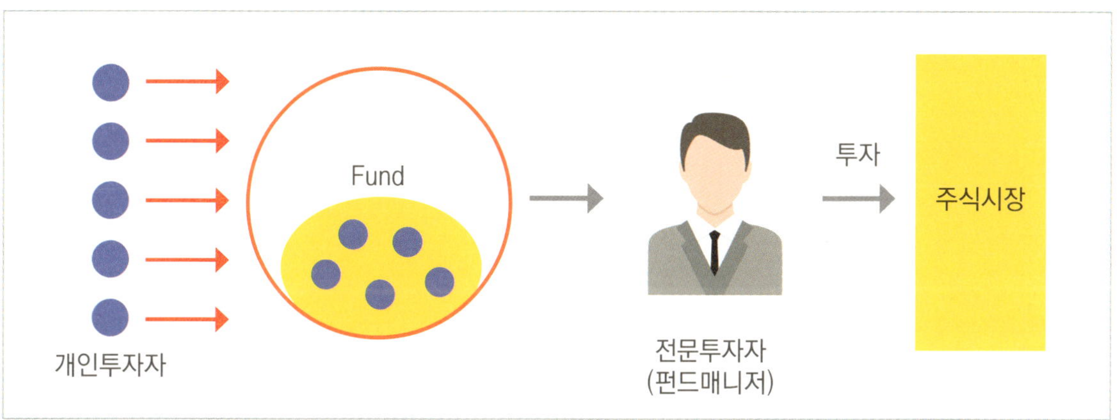


〈Mutual Fund의 구조〉

## ⑤ MMF(Money Market Fund)

90일 이내의 평균 잔존만기 자산을 운용하여 단기자금투자에 유리한 상품을 말한다. MMF의 가장 큰 장점은 단기 투자가 가능하다는 점이다. 하루만 맡길 수도 있기 때문에 자금을 짧은 시간 투자하거나 보관할 곳이 필요하다면 은행보다 더 간편하고 수익도 추구할 수 있다.

## ⑥ 랩어카운트

증권사에서 고객들의 성향에 따라 적절하게 배분하여 투자하는 상품을 말한다. 증권사가 가진 전문성을 활용해 투자 자산 구성에서부터 운용 및 투자 자문까지 통합적으로 관리하는 종합금융서비스로 투자가 처음이거나 어려운 개인투자자들도 서비스를 통해 전문적인 투자를 할 수 있다.

# 주식투자는 절대적 유연성이 필요하다.

주식투자를 하는 데 있어 자신만의 원칙을 가지고 투자에 임하는 것은 매우 중요하다. 하지만 주식시장을 둘러싼 환경이 변하게 되면 자신의 원칙도 수정할 줄 알아야 한다. 대세를 잘못 판단하였다면 실수를 인정하고 발 빠르게 자신의 대세관을 수정해야 한다. 주식시장에 원칙은 필요하나 고집은 통하지 않기 때문이다.

시장은 개구리 뛰는 것과 같아서 변덕을 부리기 쉽기 때문에 예기치 못한 돌발 악재가 나온다거나 금융시장에서 시그널이 나오면 이를 받아들여 대응해야 한다. 그러나 불필요한 지식에 매달려 아집을 부리는 경우를 두고 '주식투자는 절대적 유연성이 필요하다'는 격언이 생겨난 것이다.

시장상황은 언제 어느 방향으로 뒤집힐지 모른다. 유연한 자세를 갖추고 원칙을 갖고 있는 한, 큰 손실은 보지 않는다. 시장은 내 몸을 잘라서 상자에 넣겠다는 생각으로 순응해야 하는 것이지 역방향으로 포지션을 갖거나 자기아집에 빠진 채 종목을 골라내고서 오를 것이라 상상해서는 안 된다.

즉, 주식시세는 풍랑 위에 떠다니는 빈 배와 같기 때문에 오르는 종목은 순응해서 배 위에 올라타고 있으면 되는 것이고, 하락 시그널이 나오면 즉각 매도 쪽으로 실행하는 유연함이 필요하다. 팔고나서 더 오르는 것을 아까워 할 필요 없다. 5분 후에 버스는 다시 오기 때문이다.

## 만화로 보는 **투자격언**

너 요즘도 주식하지? 내가 좋은 정보 하나 알려줄게.
응, 좋지.

A종목이 앞으로 좋아. 너도 사둬.
그래? 호재라도 있어?
A

지금 개발 중인 상품들이 시판되면 주가가 많이 뛸 거야.
그렇군. 정보 고맙다.
척

2주일 뒤
A종목 요새 좋지 않은 얘기가 돌던데… 팔아야 하지 않을까?
그거 다 헛소리야. A사가 얼마나 건실한 기업인데.

한 달 뒤
아악, 지난달 너랑 산 A종목이 반 토막이야. 반등해야 할 텐데…
그걸 아직도 갖고 있었어?

투자를 유연하게 해야지. 너처럼 버티다간 부러진다고.
탕

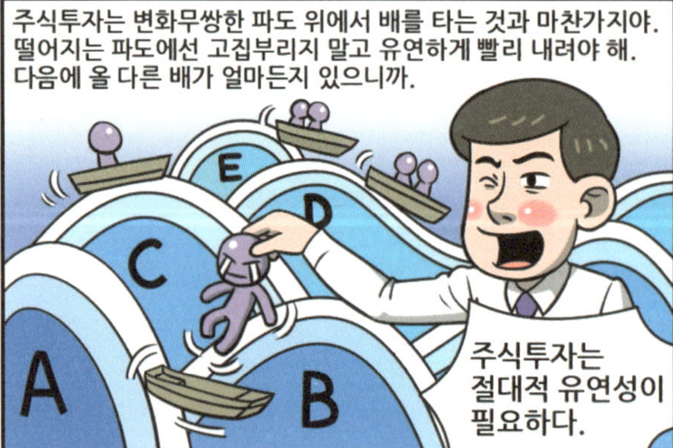
주식투자는 변화무쌍한 파도 위에서 배를 타는 것과 마찬가지야. 떨어지는 파도에선 고집부리지 말고 유연하게 빨리 내려야 해. 다음에 올 다른 배가 얼마든지 있으니까.
E
C
D
A
B
주식투자는 절대적 유연성이 필요하다.

지금이라도 파는 게 맞겠지?
당연하지, 당장 팔라고.

# Ⅳ. 기본적 분석

## 1. 기본적 분석의 개론

### 1) 기본적 분석이란?

① 해당 주식의 내재적 가치를 분석하여 미래의 주가를 예측하는 방법

② 내재가치를 현재 거래되는 시장가치와 비교하여 매매하는 방법

> 성공적인 주식투자는 좋은 주식을 쌀 때 사서 비쌀 때 파는 것이다. 즉, 좋은 종목을 선정하는 것과 그 주식을 사고 파는 시점을 결정하는 것이 기본적 분석의 핵심이다. 이 모든 결정을 내리기 위해서는 해당 주식의 본질가치(내재가치)를 찾는 것이 우선시 되어야 한다.

### 2) 주식의 본질가치

#### ① 내재가치

현재의 기업의 자산가치와 미래의 수익력과 성장성을 평가한 가치로 내재가치는 분석자의 관점에 따라 달라질 수 있다. 단기적으로는 변동하기 어렵다.

#### ② 시장가치

현재 시장에서 거래하는 매수자와 매도자의 제시한 가격이 일치한 상태. 시시각각 변동할 수 있다.
현재의 시장가치는 내재가치와 같을 수도 있지만 다른 것이 일반적이다. 시장가치는 시장참여자에 의해서 내재가치로 수렴하려는 경향이 있다.

### 3) 본질가치(내채가치)와 시장가치가 다른 이유

① 분석자의 관점에 따라서 미래는 다르게 예측할 수 있다.
② 미래의 가치는 대상 기업의 외적인 변화도 영향을 끼친다.
③ 시장가치는 언론이나 대중의 심리적인 영향에 따라 평가가 달라질 수 있다.

▶ **정확한 내재가치 분석의 예 : 1983년 삼성의 반도체 사업**

1983년 삼성전자는 반도체 사업에 진출하여 승산이 있다고 판단하고 반도체 산업에 막대한 투자를 하기로 발표하였다. 하지만 국내외의 반응은 냉담하였고 일본의 미쓰비씨 연구소의 분석결과 역시 삼성전자의 반동체 사업은 실패하게 된다고 장담하였다.

실패 예상의 원인은 빈약한 관련 산업과 기술력은 물론이고 삼성회사 자체적으로도 당시에는 총 매출액이 1억 불도 되지 않는데 투자비만 10억 불인 반도체 공장 투자에 자금을 조달할 방법이 없다고 하였다. 결정적으로 반도체 산업의 공급자는 이미 미국, 일본, 독일, 영국 등의 나라에서 충분히 공급을 하고 있었기에 경쟁력이 없다고 판단하였다.

하지만 삼성전자는 내재가치를 다르게 보았다. 삼성은 한국의 소득수준이 80년대부터 급격하게 늘어나므로 가전제품의 수요가 급속히 증가할 것이고, 빈약한 기술은 해외각지에서 취업하고 있는 석학들을 스카웃 할 예정으로 경쟁력을 높이고, 열악한 재정은 국가의 기간산업육성 방침과 연계하여 보조를 받을 계획을 가지고 있었다.

결과는 삼성 내부적으로 판단한 가치보다 더 높았다. 현재는 세계 1위 메모리 반도체 회사가 되었고 8개의 초대형 메모리 반도체 공장과 5개의 비메모리 공장, 3개의 연구전용공장 9개의 LCD공장을 가지고 있어 앞으로도 기술력을 선도할 수준이 되었다.

▶ **실패한 내재가치 분석의 예 : 1990년대 말 IT버블**

닷컴(www.XXX.com)버블이라고 불리기도 하며 인터넷 관련 분야가 성장하면서 1995년부터 2000년에 발생한 거품 경제 현상이다.

시장의 참여자들은 인터넷관련 업종을 주목하며 미래의 IT업종의 내재가치를 지나치게 높은 성장성으로 판단하였다. 따라서 너도나도 이 분야의 사업에 뛰어들게 되었다. 특히 미국에서 제일 큰 인터넷 사업자였던 AOL의 시가총액은 당시 기준으로 1,000억 불이 넘는 엄청난 숫자를 기록하였고 인터넷을 대표하는 AOL과 기존의 엔터테인먼트 분야에서 세계적이였던 미디어 그룹 타임워너와의 합병은 엄청난 시너지 효과를 불러일으킬 것으로 시장에서 전망하였다. 그와 동시에 IT관련 벤처기업과 기존의 IT기업의 주가가 폭등하게 된다.

하지만 AOL의 비싼 요금과 저품질의 인터넷 서비스의 결과, 소비자의 외면으로 주가 폭락이 시작하기 시작하였고 수많은 IT기업이 파산하게 되었다. 새로운 IT기업들이 과도기적인 인터넷 기술에 너무 많은 것을 융합하려다 보니 시대를 앞서가게 되었고 결과적으로 실패한 IT의 내재가치를 분석한 예가 되었다.

## 4) 기본적 분석의 출발전략

① 기본적 분석의 시작점은 '현재 시장에서 거래되는 주식가격은 잘못된 가격이다'에서부터 출발한다.
② 주식을 발행한 기업의 미래의 가치를 고려한 진정한 가치뿐만 아니라 기업의 외적인 상황들을 분석한 후, 그 가치가 현재 시장가격보다 높다면 매수하는 전략이다.

## 5) 내재가치를 평가하기 위한 분석

### ① 기업분석

주식을 발행한 기업 자체의 영업실적이나 자산구성 등으로 평가하는 방법(ex. PER, PBR, EV/EBITDA)

### ② 산업분석

주식을 발행한 기업이 속한 산업의 성장성이나 수익성을 평가하는 방법(ex. 산업성장률)

### ③ 경제분석

경제 전반적인 흐름이나 거시경제적인 요소를 살펴보는 방법(ex. 이자율, 경기동향분석)

## 6) 기본적 분석의 두 가지 분석방식

### ① 하향식 분석(top-down방식) : 경제분석 → 산업분석 → 기업분석

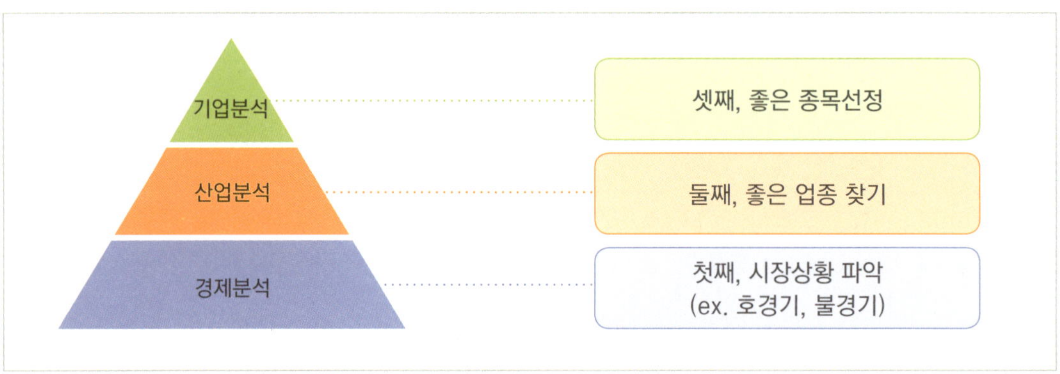


### ② 상향식 분석(bottom-up방식) : 기업분석 → 산업분석 → 경제분석

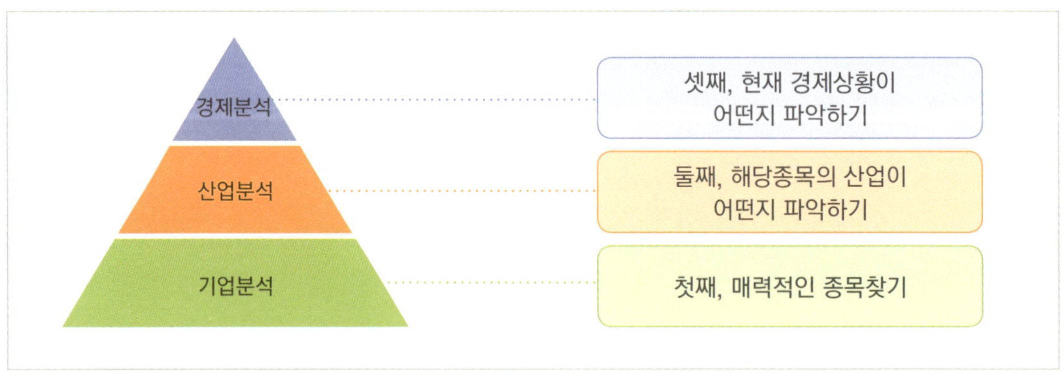

---

**기본적 분석 방식의 예시**

전업투자자 박지은 씨는 최근 경제뉴스에서 백화점의 소비가 증가한다는 뉴스를 접하고 실제로 소비관련 지표를 분석하여 내년도 소비는 더 증가할 것을 확신하였다. 그 후 소비 관련주식에 대하여 분석하였고, 최근에 면세점 사업에 진출한 A기업 주식을 매수하였다.

---

Q. 박지은 씨는 어떤 기본적 분석 방식으로 투자를 했는가?
A. 하향식 분석방식

---

## 7) 기본적 분석의 한계점

### ① 내재가치의 다양성

투자자마다 견해가 다를 수 있다.

### ② 내재가치의 적정성

재무제표나 경제지표가 적정하고 동일한 기준으로 비교해야 한다. 만약 비교대상의 기준이 다르다면 기본적 분석이 무의미해진다.

### ③ 분석을 하는 데 시간 소요

진정한 가치에 도달하는데 시간이 오래 걸린다.

### ④ 경기변동이나 외부요인 반영 지연

처음 분석 당시의 상황을 가정하고 가치평가가 진행되었다. 따라서 해당 기업의 내외적으로 변화가 발생하는지 추후에도 지속적으로 관심과 분석이 필요하다.

### ⑤ 경제, 회계, 주식에 상당한 지식이 필요

기본적으로 기업의 재무제표나 경제동향 분석을 할 수 있는 지식이 필요하다.

## 2. 경기변동의 개념

### 1) 경기의 특징과 측정

"경기는 새옹지마(塞翁之馬)이다"

▶ **새옹지마(塞翁之馬)**

옛날 중국의 북쪽 변방 국경 지방에 한 노인이 살고 있었는데, 어느 날 노인이 기르던 말이 국경을 넘어 오랑캐 땅으로 도망쳤다. 이에 이웃 주민들이 위로의 말을 전하자 노인은 "이 일이 복이 될지 누가 압니까?"라고 하였다.

그로부터 몇 달이 지난 어느 날, 도망쳤던 말이 암말 한 필과 함께 돌아왔다. 주민들은 "노인께서 말씀하신 그대로입니다." 하며 축하하였으나, 노인은 "이게 화가 될지 누가 압니까?" 하며 기쁜 내색을 하지 않았다.

며칠 후 노인의 아들이 그 말을 타다가 낙마하여 그만 다리가 부러졌다. 이에 마을 사람들이 다시 위로를 하자 노인은 역시 "이게 복이 될지도 모르는 일이오." 하며 표정을 바꾸지 않았다.

그로부터 얼마 지나지 않아 북방 오랑캐가 침략해 왔다. 나라에서는 오랑캐와의 전쟁을 위해 징집령을 내려 젊은이들이 모두 전장에 나가야 하는 상황이었다. 그러나 노인의 아들은 다리가 부러진 까닭에 전장에 나가지 않아도 되었다.

즉, 새옹지마는 '행운이 계속되거나 불운이 연속적으로 발생하는 것보다는 좋은 일과 나쁜 일이 번갈아 가면서 발생한다'라는 뜻으로 경제상황(경기)도 좋은 시절(호경기)과 나쁜 시절(불경기)이 반복적으로 발생한다는 특징이 있다.

#### ① 경기흐름과 주가

왜 주식투자 시 경기 흐름 파악이 중요할까?
경기와 주가는 밀접한 관련성이 있으므로 경기 파악을 통해서 향후 주가를 예측하는데 용이하다. 따라서 주식투자자는 주식 매매에 앞서 경기상황을 먼저 살펴보고 현재의 경기수준과 앞으로의 경기상황을 예측하는 것이 중요하다.

#### ② 경기의 구성과 의미

경기는 크게 3가지 부분으로 나눌 수 있다.
- 생산, 소비, 투자, 고용 등 **실물부분**
- 화폐의 수요와 공급 등의 **화폐부분**
- 수출과 수입 등 **해외부분**

※ 경기는 경제 참여자들의 총체적인 활동 수준을 의미하므로 실물 부분, 화폐 부분, 해외 부분의 경제 활동수준이 상승하면 "경기수준이 좋다"라고 판단한다.

### ③ 대표적인 경기측정지표

a. GDP (Gross Domestic Product)
대표적인 개별 경기측정지표로, 국가경제에서 일정기간 동안에 생산된 재화와 서비스의 부가가치의 합 (국내에서 발생한 소비, 투자, 정부지출, 순수출의 합으로 계산)을 말한다. 즉, GDP가 크게 증가하였다는 것은 생산, 소비, 투자 및 수출이 증가하였다는 것이고 그로 인하여 경제 활동 수준이 활발해져 경기 수준이 좋다고 판단하는 것이다.

b. 종합주가지수 (Composite Stock Price Index)
주식의 전반적인 동향을 가장 잘 나타내는 대표적인 지수이다. 기업경기의 전망을 잘 나타내는 지표로 투자성과 측정, 다른 금융상품과의 수익률비교척도, 경제상황 예측지표로 많이 이용된다.

c. 경기동향지수 (DI : Diffusion Index)
복잡한 경제활동 전체를 '경기'로서 파악하기 위해 제품·자금·노동 등에 관한 많은 통계를 정리·통합해서 작성한 지수이다.

d. 경기종합지수 (CI : Composite Index)
생산·투자·소비·고용·금융·무역 등 경제 각 부문의 지표 중에서 경기에 민감하게 반영하는 주요 경제지표를 선정한 후 이 지표들의 전월대비 증감률을 가중평균하여 작성한다. 개별 구성지표의 증감률 크기로 경기변동의 진폭을 알 수 있으므로 경기변동의 방향, 국면 및 전환점은 물론 변동속도까지도 동시에 분석할 수 있어 한국에서는 대표적인 종합경기지표로 널리 활용된다.

e. 경기예고지표 (BWI : Business Warning Indicator)
과거의 경제동향과 실적을 토대로 하여 산출된 주요 경제지표들을 분석하여 현재의 경기상태를 분석해 현재의 상태가 과열인가 침체인가를 진단하는 종합경기판단지표로 한국은행에서 작성하고 있다.

### ④ 경기 측정 및 예측의 중요성

주식투자를 할 때 향후 경기를 예측할 수 있다면 예측을 토대로 앞으로 경기가 좋은 상황인지, 나쁜 상황인지 파악 가능하다. 따라서 경기가 좋아질 것이라고 판단되면 적극적으로 경기에 민감한 종목을 여러 종목으로 분산 투자한다. 예측처럼 경기가 좋아진다면 투자한 종목의 영업성과가 늘어나 주가는 상승하게 된다.

## 2) 경기순환

### ① 경기순환이란?

계절변동 같이 주기는 일정하지 않지만 자본주의 사회의 경제활동이 상승과 하락을 되풀이하는 과정을 의미한다.

## ② 경기순환의 과정

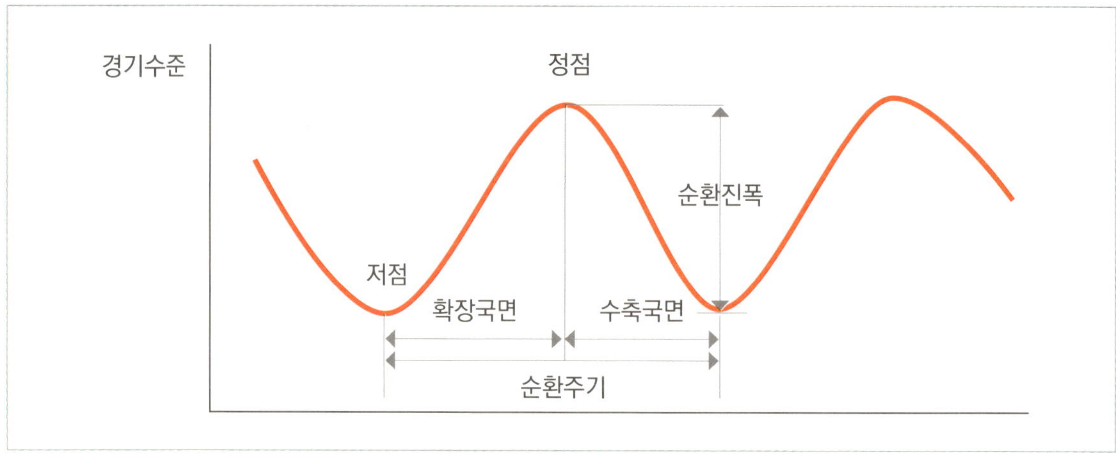


※ 순환주기 : 저점에서 다음 저점 또는 정점에서 다음 정점까지의 기간
※ 순환진폭 : 정점과 저점간의 차이


## ③ 경기순환의 구분

a. 이분법 구분(주로 이용)
　순환주기는 확장국면과 수축국면으로 나눌 수 있다.
　– 확장국면은 경기 저점부터 정점까지 경제활동이 활발한 국면이다.
　– 수축국면은 경기 정점부터 저점까지 경제활동이 위축된 국면이다.

b. 사분법
　호황(확장), 후퇴, 불황(수축), 회복의 네 국면으로 구분하기도 한다.

| 경기국면 | 실물경기 | 고용 | 물가 |
| --- | --- | --- | --- |
| 호황(확장)기 | 투자 증가, 생산 증가, 소비 증가 | 고용 증가로 실업률 감소 | 통화량 증가, 물가 상승 |
| 후퇴기 | 소비 점차 감소, 기업재고량 증가 | 일자리 감소, 실업률 점차 증가 | 물가 하락 |
| 불황(수축)기 | 생산량 최저 | 실업률 최대 | 지속적 하락 |
| 회복기 | 자금수요 증가로 투자 점차 증가 | 점진적으로 고용 증가 | 점진적으로 상승 |

## ④ 경기순환의 주기와 원인

| 순환주기 | 주기명칭 | 주기 | 변동원인 |
|---|---|---|---|
| 장기 | 콘드라티에프 순환 | 50~60년 | 기술혁신이나 신자원 개발 |
| 중기 | 주글라 순환 | 10년 전후 | 기업의 설비투자 |
| 단기 | 키친 순환 | 2~6년 | 통화공급이나 금리의 변동, 재고의 변화 |

## ⑤ 경기순환 예측이 어려운 이유

- 경기순환 주기 및 진폭이 매번 불일정하다.
- 저점에서 일정부분 상승 후 다시 떨어지는 경우도 있다(더블 딥).
- 기술의 발전과 산업구조의 변경으로 경기의 흐름이 변동될 수 있다.

따라서, 경기에 영향을 주는 여러가지 거시경제 요인을 참고하여야 한다.

## 3. 왜 경기가 변할까

### 1) 왜 불경기, 호경기가 반복될까

"경기순환은 계속된다. 자본주의 경제는 과거뿐만 아니라 미래에도 순환을 계속할 것이다."
경기순환은 경제의 불확실성이 완전히 사라지지 않는 한 불가피하다. 자본주의의 경제체제는 생산량과 소비량이 경제참여자들 각각 결정하므로 때로는 과잉공급과 초과수요가 발생하고, 이에 따라 경기순환이 발생한다.

> ▶ **샤워실의 바보 이야기**
>
> "한 바보가 샤워장에서 샤워를 할 때 따뜻한 물이 나오게 하려고 손잡이를 온수 쪽으로 돌린다. 그런데 너무 뜨거운 물이 나와 이번에는 급하게 냉수 쪽으로 손잡이를 돌린다. 그러다 조금 있으면 물이 너무 차가워서 다시 온수 쪽으로 손잡이를 돌린다. 결국 샤워하는 내내 온수와 냉수를 오가며 손잡이를 돌리다 샤워를 끝마친다."
>
> 노벨경제학상을 수상했던 밀턴 프리드만 교수가 정부를 겨냥해 풍자한 내용으로 정부가 어떤 정책을 썼는데 효과가 없으니 다른 정책을 세우고 이것도 별 반응이 없으면 또 다른 방안을 내놓는 것을 비난했다(경제정책이라는 것은 곧바로 효과가 나오지 않으며 시차가 필요하다).

### 2) 경기변동의 원인

#### ① 민간기업의 투자지출 변화에 의한 수요충격(demand shock)

민간기업의 장래에 대한 기대의 변화 등으로 인해 투자지출이 변함으로써 경기변동이 촉발될 수 있다. 경기변동의 원인으로 투자지출의 역할을 강조한 대표적인 경제학자는 케인즈이다. 그는 자본주의 경제에서의 투자는 기업가의 미래수익에 대한 기대를 반영하는데, 기대는 기업가의 투자심리 혹은 동물적 감각에 크게 의존하므로 투자는 불안정하게 변한다. 또한 가격의 경직성에 따른 불안정한 투자 및 이에 따른 불안정한 총수요의 변화는 생산의 불안정한 변동을 유발한다는 것이다.

#### ② 통화량 변화와 같은 화폐적 충격(monetary shock)

밀턴 프리드만을 중심으로 하는 통화주의자들은 자본주의 경제에서 경기순환 현상이 나타나는 것은 통화당국의 자의적인 통화량 조절 때문이다. 이들에 따르면 자본주의 경제는 본질적으로 안정적임에도 불구하고 통화당국이 통화량을 자의적으로 조절하여 경기순환이 발생한다는 것이다.

### ③ 불완전 정보 상황에서 경제주체들의 기대

대표적으로 루카스는 경제주체들이 합리적 기대를 하더라도 불완전정보로 인하여 주요 경제변수들의 움직임을 정확히 예측할 수 없다고 전제한다. 따라서 이러한 상황에서는 소비수준과 투자수준에 대한 판단 오류로 인해, 경제주체들은 제품과 생산요소의 공급과 수요를 변화시켜 경기변동이 촉발된다고 봤다.

### ④ 기술이나 생산성 변화와 같은 공급충격(supply shock)

슘페터는 경기순환과 경제발전의 원인이 생산요소의 새로운 결합이나 기술혁신에 있다고 주장하였다. 특히 최근의 기존에 없던 새로운 기술이나 산업의 발달로 인하여 주목받고 있는 실물적 경기변동이론도 경기변동의 주요 원인으로 기술변화와 같은 실물적 충격의 중요성을 강조하고 있다.

### ⑤ 정치적 경기순환이론(political business cycle theory)

정부는 선거에서 승리를 위해 선거에 앞서 경기를 부양시키고자 확장정책을 시행하고, 선거가 끝나면 다시 긴축정책을 시행한다는 이론이다.

### ⑥ 해외 부문 충격

외국경기의 경기충격이나 변화가 국내 경기변동에 영향을 끼친다는 이론이다. 우리나라와 같은 수출 중심 국가의 경우 선진국이나 무역대상국의 경기에 크게 영향을 받는다.

## 3) 경기순환의 특징

다음과 같은 특징으로 경기가 순환하게 된다.

① 지속성 : 경기의 방향을 잡으면 상당기간 지속시키는 성질

② 변동성 : 경기의 방향을 반대방향으로 전환시키는 성질

③ 공행성 : 경제변수들이 서로 안정적인 관계를 가지고 일정한 방향으로 함께 움직이는 성질

④ 불규칙성 : 기간과 진폭이 이전의 변동과 다르게 나타나는 성질

⑤ 비대칭성 : 경기가 활황기와 수축기의 기간이나 폭이 다르게 나타나는 성질(일반적으로는 확장기가 수축기보다 길다)

▶ **경기의 지속성과 변동성은 어떻게 해서 발생할까?**

    a. 경기의 지속성은 유발투자로 설명할 수 있다.
       독립적인 투자가 증가하면 이에 따라 생산 및 소득이 증가하며 이는 추가적인 투자를 유발한다. 또한 유발투자 증가로 소득이 더욱 증가한다. 이러한 연쇄작용이 계속되면 경기는 한동안 지속된다.

    b. '가격의 경직성' 또한 지속성을 설명할 수 있다.
       가격이나 임금은 한번 변경하면 일정기간 동안 유지하는 경향이 있다. 따라서 처음 가격변동의 충격이 상당기간 경제 내에 지속될 수 있다는 것이다.

    c. 과도/과소 투자는 경기의 변동성을 야기한다.
       일반적인 자본재에 대한 투자는 그 투자가 완결될 때까지 상당기간이 소요되는 것이 일반적이므로 투자 당시 정확하지 못한 미래 예측으로 인하여 과도한 투자가 발생하고 그 때문에 투자가 완결될 시점에 과잉 공급현상이 발생하여 경기 하락이 발생할 수 있다. 반대로 현재의 경기가 불경기라면 투자는 위축될 것이고, 향후에는 과소 공급으로 인하여 가격이 상승하여 새로운 투자를 유발시킨다.

## 4) GDP 구성요소가 경기순환에 미치는 영향

---

GDP = 소비 + 투자 + 정부지출 + 순수출(수출 – 수입)

---

GDP는 소비, 투자, 정부지출, 순수출의 합으로 구성되어 있다.

### ① 소비는 GDP와 같은 방향으로 움직인다(경기 순응적).

소비의 증가는 민간기업의 이익증가로 인하여 경제 참여자의 소득증가로 이어진다. 적당한 소비증가는 지속적이고 완만한 경기상승에 원동력이다.

### ② 투자도 경기 순응적이지만 변동성이 크다(고용 또한 경기 순응적).

투자가 활발하면 실업률이 낮아지고 사회전반적인 소득증가로 이어진다.
대부분 경기가 호경기에서 불경기로 변동하는 주된 원인은 과잉투자가 발생하여 경기가 과열되었을 때이다.

### ③ 정부지출의 특징은 호경기일 때는 지출을 줄이고, 불경기일 때는 지출을 늘리는 특징이 있다(경기의 보완적인 역할).

정부의 목표는 완만한 경제성장을 하는 것이다. 경기가 침체국면으로 흐르면 경기를 활성화시키고, 경기가 과열국면으로 흐르면 경기를 진정시키려고 한다.

> **why?** 경기가 과열국면이 지나치면 부동산 투기나 지나친 과소비로 인하여 국민경제가 파탄에 다다를 수 있기 때문이다.

# 4. 경제변수와 주가의 관계

▶ **경제를 보는 두 가지 관점**

〈미시적 관점〉

〈거시적 관점〉

경제란 인간 생활에 필요한 사람의 욕망을 채워주는 물건(음식, TV, 옷 등)이나 사람에 의해서 제공하는 노동(강의, 청소, 미용 등)을 생산, 분배, 소비하는 모든 활동이라고 할 수 있다.

일반적으로 경제를 보는 관점은 위의 왼쪽 사진처럼 나무 한그루를 파악하는 것처럼 세밀한 부분을 보는 미시적 관점과 오른쪽 사진처럼 각각의 나무의 집합인 숲을 보는 거시적 관점으로 나눌수 있다.

– 미시경제 : 합리적이고 일관적인 의사결정을 하는 대표적인 주체(생산자, 공급자)를 파악하는 것
– 거시경제 : 개별주체나 상품이 아닌 경제 전반적인 분석을 하는 것(이자율, 소비, 통화량, 정부정책 등)

## 1) 경기의 전망과 주가의 관계

지난 단원에서 살펴보았듯이 경기 전망을 정확히 할 수만 있다면 주식시장에서 장기적으로 상당히 높은 수익률과 낮은 위험을 보장받게 된다. 따라서 주식 투자자들은 반드시 현재의 경기상황을 판단하고 이에 대응할 수 있는 능력을 갖춰야 한다.

### ① 주식투자 시 경기분석의 목적

– 사회의 각 경제현상들이 주식가격과 어떠한 관계를 맺고 있는가를 분석하는 것이다.
– 현재 시점이 투자자들의 투자에 적절한 시점인지를 판단하는 것이다.
– 거시경제관련 지표로 경제동향을 예측하고, 주가와의 관계를 분석하는 것이다.

## ② 경기전망

- 향후 경기가 활발하면 호경기, 악화되면 불경기로 전망한다.
- 경기는 주로 거시경제활동의 움직임을 통해서 파악한다.
- 주가는 장래의 기업실적이 반영되므로 경기전망과 밀접한 관계를 갖는다.

## ③ 경기전망과 주가

일반적으로 증권시장의 움직임은 경기의 움직임보다 선행한다. 따라서 현재의 경기를 예측하는 것은 이미 주가에 반영되었기 때문에 미래의 경기를 예측해야 한다.

> ▶ **주가와 경기전망은 정(+)의 관계**
>
> a. 경기호황 예측 → 주가 상승 → 기업수지 개선 → 주가 상승
> b. 경기불황 예측 → 주가 하락 → 기업수지 악화 → 주가 하락

따라서 현재의 경기의 상태보다 향후의 경기전망이 더 주가예측에 적합하다.


# 2) 통화량과 주가의 관계

경제에서 통화(돈)는 우리 몸의 피 같은 존재로 어느 한 부분에 넘치거나 부족해도 문제가 발생한다. 따라서 건강한 경제를 위해서 통화는 경제 내 구석구석 적절하게 잘 순환되어야 한다.

## ① 통화량이란?

시중에 돌아다니고 있는 돈의 유통량을 말하며 통화의 범위를 좁게는 현금 및 통장잔고, 넓게는 정부나 신용이 높은 기업이 발행한 채권까지 포함한다.

## ② 통화량과 주가의 관계

단기적으로는 주가에 긍정적인 영향을 주지만, 장기적으로는 이자율을 상승시켜 주가에 부정적인 영향을 끼친다. 즉, 단기적인 효과에 급급해 통화량이 과다하게 풀리면 장기적으로 경제에 부담이 발생한다.

〈통화량과 주가의 관계〉

| 기업부문 | 통화량 증가 → 자금확보 용이 → 시설투자 증가 → 수익성 향상 → 주가 상승 |
|---|---|
| 민간부문 | 통화량 증가 → 자금확보 용이 → 주식 매입 → 증시 활황 → 추가 유입 → 주가 상승 |

※ 장기적 관점 : 통화량 증가 → 물가상승(실질구매력 하락) → 이자율 상승 → 부채 부담 증가 → 주가 하락

### ③ 미국의 양적완화와 다우지수

**밴 버냉키(Ben Bernanke)**
양적완화를 시행한 전 FRB의장

a. 양적완화

정책금리를 더 이상 내릴 수 없는 상태에서 경기부양을 위해 중앙은행이 시중에 돈을 푸는 정책으로 정부의 국채나 여타 다양한 금융자산의 매입을 통해 시장에 유동성을 공급하려는 정책이다. 이는 기존에 중앙은행이 기준금리를 조절하여 간접적으로 유동성을 조절하던 기존 방식과 달리, 국채나 다른 자산을 사들이는 직접적인 방법으로 시장에 통화량 자체를 공급하는 통화정책을 말한다.

cf) 테이퍼링 : 양적완화 정책을 점진적으로 축소하는 것

b. 1차 양적완화(2009년 초~2010년 3월)

미국중앙은행은 부실모기지채권을 1,000억 달러 규모로 매입하고, 대출프로그램과 매월 3,000억 달러 규모의 장기국채를 직접 매입하겠다고 발표하며 미국의 금융위기를 잠재우려 하였다. 1차 양적완화 기간 동안 총 1조 7,000억 달러가 투입되었다.

c. 2차 양적완화(1차 이후~2011년 6월)

2010년 11월 3일 FOMC 회의에서 6개월간 6,000억 달러 규모의 추가 2차 양적완화를 시행한다고 발표하였다.

d. 3차 양적완화(2012년 9월~2014년 10월)

2012년 9월 FOMC는 매달 400억 달러 규모의 MBS를 사들이기로 결정하였고, 2012년 12월에는 450억 달러 규모의 국채를 추가로 사들여 매월 총 850달러로 양적완화를 확대하기로 하였다. 3차 양적완화는 약 2년여 기간 동안 2조 2,700억 달러가 투입되었다.

〈미국의 양적완화와 S&P500지수〉

cf. 주가 장세 관련 용어

| 실적장세 | 금융장세 이후 기업실적이 좋아져서 기업의 주가가 상승하는 장세 |
|---|---|
| 역금융장세 | 금융시장에서 자금수요 증가로 인하여 금리가 상승하여 주가는 하락하는 장세 |
| 금융장세 | 금융시장에 풍부한 유동성 공급으로 주가가 상승하는 장세 |
| 역실적장세 | 기업실적이 악화되어 주가가 바닥권인 장세 |

## 3) 금리와 주가

### ① 금리의 특징

자금의 수요와 공급에 의해서 결정하지만 경제전반에 영향력이 크기 때문에 정책당국(중앙은행)에서 직간접적으로 금리수준을 결정한다. 금리는 거시경제 전반에 큰 영향력(통화량, 물가, 환율 등)을 끼치므로 경제의 신호등과 같은 역할을 한다. 일반적으로 금리는 주식, 채권, 부동산, 환율, 경기 등과 역(–)의 관계가 있다.

### ② 금리와 주가의 관계

▶ **일반적으로 역(-)의 관계이다.**

a. 금리 상승 → 자금조달 부담 → 설비투자 축소 → 주가 하락
b. 금리 하락 → 자금조달 확대 → 설비투자 확대 → 주가 상승

### ③ 한국은행 기준금리와 코스피

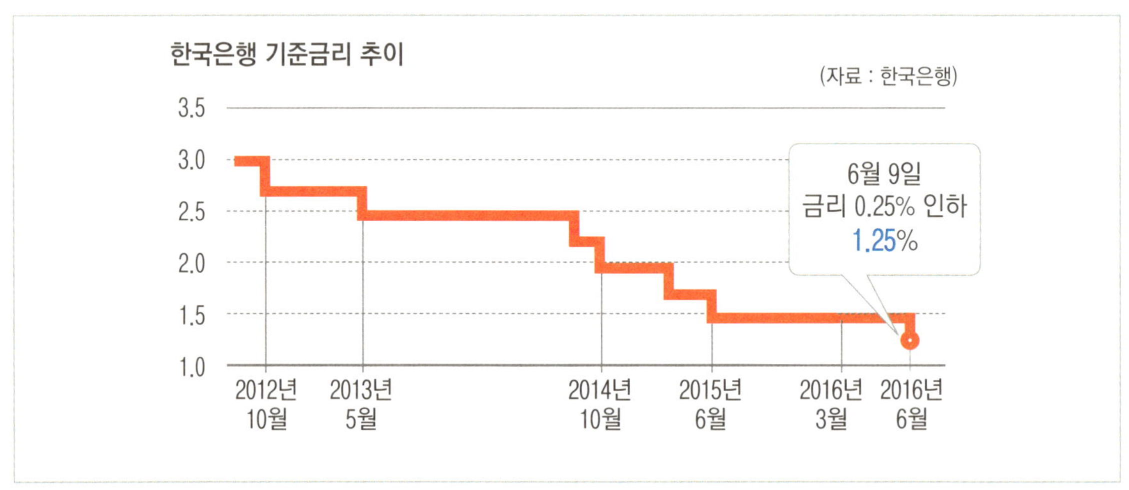

※ 2012년~현재 코스피 주봉차트

- 2012년 10월 지속적인 금리인하 정책 이후 종합주가지수가 상승했다.
- 하지만 미국의 양적완화처럼 강력하게 지수를 상승시키는 요인으로는 부족하다.

## 4) 물가와 주가

▶ **다음 사례에서 오류가 있는 부분은?**

박진수 씨는 매일 점심 이용하는 음식점의 김치볶음밥 가격이 오천 원에서 육천 원으로 천 원 인상되었다. 박진수 씨는 퇴근 후 용돈을 주는 아내에게 "올해 인플레이션이 심한데"라고 하면서 용돈인상을 요청하였다.

개별상품 하나의 가격이 오른 경우는 가격이 올랐다고 한다. 인플레이션이라고 한다면 경제 전반적으로 물가가 올라야 한다.

### ① 물가관련 용어

a. 물가 : 거시경제에서 말하는 물가란 개별 물가의 가격이 아니라 경제 전반적인 물건 가격의 추세
b. 인플레이션 : 지속적으로 경제전반의 물가가 상승하는 현상
c. 디플레이션 : 지속적으로 경제전반의 물가가 하락하는 현상
d. 디스인플레이션 : 인플레이션의 상승률이 낮아지는 현상
e. 스태그플레이션 : 경기침체 속에서 물가가 상승하는 현상

### ② 물가와 주가의 관계

a. 완만한 물가 상승 → 실물경기 상승 → 기업수지 개선 → 주가 상승
b. 급격한 물가 상승 → 금융자산 회피 → 실물자산 선호 → 주가 하락
c. 디스인플레이션 → 저물가/저금리 → 금융자산 선호 → 주가 상승
d. 스태그플레이션 → 비용증가/구매력 감소 → 기업수지 악화 → 주가 하락

> **▶ 명목과 실질은 구별하자!**
>
> 거시경제에서 말하는 실질은 물가를 감안한 값을 말한다. 즉, '명목이자율 = 실질이자율 + 물가상승률'이 된다. 따라서 명목적인 값으로 경기를 판단하기보다는 실질적인 값으로 경기판단이 중요하다.

## 5) 환율과 주가

### ① 환율 관련 용어

a. 환율 : 자국통화와 외국통화의 교환비율. 환율시장도 마찬가지로 수요와 공급에 의해서 환율이 결정된다.
b. 원화가치 : 한국 돈이 시장에서 거래되고 있는 가치, 한국 돈의 수요가 높다면 가치는 올라간다.
c. 절상/절하 : 가치가 상승했다/하락했다.

### ② 한국경제의 환율의 영향력

우리나라는 세계에서 대표적인 제조업 중심의 수출경제구조이다. 이와 같은 경제구조로 인하여 우리나라 거래소에 상장된 기업은 수출/수입과 관련된 기업의 비중이 높다. 수출/수입 기업의 입장에서는 환율에 따라 기업의 매출액이 좌우된다.
일반적으로 수출기업의 입장에서 환율이 하락하면 원화가치는 상승하게 되고 같은 수출제품의 가격이 비싸지는 효과가 발생하므로 외국시장에서 한국제품의 가격경쟁력이 떨어지게 된다.

### ③ 환율과 주가의 관계

a. 환율 하락 → 수출 감소/수입 증가 → 기업수익성 악화 → 주가 하락
b. 환율 상승 → 수출 증가/수입 감소 → 기업수익성 향상 → 주가 상승

실제는 환율과 주가와의 관계는 단순하지 않고 외국인 투자자의 영향 등 여러 경로의 영향을 더 받을 수 있다. 일반적으로 환율변동 이후 시점에 기업의 실적에 영향을 준다(J커브 이론).

## 6) 외국인 투자자와 주가

### ① 외국인 투자자의 국내투자

한국의 IMF외환위기 이후부터 자본시장 개방이 확대되어 국내증시에 외국투자자의 영향력이 지속적으로 커지게 되었다. 외국인 투자자 입장에서는 환율 변화에 따른 손익을 투자수익률 만큼 크게 고려한다. 따라서 외국인투자자 입장에서는 환율의 변화를 중요시 생각한다.

## ② 외국인의 해외주식 투자수익률

총투자수익률 = 주식 투자수익률 + 투자국가 환수익률

만약, 미국투자자가 KOSPI의 삼성전자에 투자하였을 때, 수익률 투자기간 동안의 삼성전자의 투자 수익률과 원/달러 환율의 환수익률(미국투자자 입장에서는 투자기간동안 원화강세가 되는 것이 환차익)의 합이다.

▶**외국인은 주가와 환율을 모두 고려하여 투자한다.**

  a. 주가상승률 〈 환율상승률 → 주식투자이익 〈 환손실 → 수익률은 (+)이지만 매입 보류
  b. 주가하락률 〈 환율하락률 → 주식투자손실 〈 환이익 → 수익률은 (−)이지만 매입 고려

## ③ 외국인 투자자와 주가

a. 외국인 매수세 증가 → 국내주식 상승
b. 외국인 매도세 증가 → 국내주식 하락

외국인의 입장에서는 한국 주식시장은 여러 국가 중 하나의 투자처이므로 다른 주식시장과의 매력도를 판단해야 한다. 한국주식시장은 선물옵션시장이 잘 발달되어 있어, 외국인투자자의 파생거래 추이도 함께 고려해봐야 한다.

〈최근 일년간 외국인 투자자 누적 순매수와 코스피지수〉

외국인 매수와 주가는 실질적으로 양(+)의 상관관계를 확인할 수 있다.

〈최근 일년간 원/달러 환율과 코스피지수〉

원/달러 환율과 주가는 실질적으로 음(–)의 상관관계임을 확인할 수 있다.
단기적으로는 원화가 강세일 때 주가가 상승했다.

## 7) 그 밖에 주식에 영향을 미치는 경제요인

### ① 정치와 주가의 관계

대선공약이나 정치적인 이벤트는 종합주가지수에 영향을 끼친다. 테마주 형태로 개별종목이나 특정산업에도 영향을 끼친다.

### ② 원자재와 주가의 관계

a. 원자재가격과 주가는 역(–)의 관계
　 원자재가격 상승 → 기업의 비용 상승 → 수익성 악화 → 주가 하락
b. 국제원자재가격 동향 파악은 국제상품가격지수(다우존스상품상세지수, 파이낸셜타임스상품시세지수
　 등)를 이용하면 추이를 파악할 수 있다.

# 5. 경기 예측방법

## 1) 경기 예측의 중요성

앞서 경기에 대하여 살펴봤듯이 경기 예측을 할 수 있다면, 주식의 중장기적인 매입시점과 처분시점을 비교적 정확히 선택할 수 있다. 즉, 일기예보에서 비를 예보하면 우산을 준비하듯이 경기가 안 좋다고 예측된다면 다른 대안투자(채권, 예금 등) 중 안전자산의 비중을 높일 수 있다.

## 2) 적절한 경기예측지표 이용

① GDP로 예측하기에는 한계가 있다.

경기의 대표적인 측정지표인 GDP는 과거의 경제활동을 보여주는 지표로 경기예측으로써 이용에 부적합하다. GDP통계는 국내에서 생산된 상품을 집계하는 일정 기간이 지난 후 발표하게 된다.

② 월별 발표되는 개별 경제 지표를 파악하는 것이 경기예측에 보다 유리하다.

③ 대표적인 경기예측지표는 경기종합지수(CI)와 설문을 이용한 지수가 있다.

## 3) 경기종합지수(Composite Index : CI)

출처 : 통계청(www.kostat.go.kr)

경기에 민감한 대응성을 보이는 몇 개의 지표를 선정하여 그 지표들의 움직임을 종합하여 지수 형태로 나타냄으로써 경기국면의 파악 및 경기수준의 측정에 이용하기 위한 종합적인 경기지표이다.

### ① 기본 개념

경기종합지수는 경기국면의 파악 및 경기수준을 측정하는 데 사용된다. 선행, 동행, 후행으로 3가지 지수로 구분한다. 통계청에서 매월 발표한다. 따라서 매월 통계청 발표를 이용하여 경기를 예측할 수 있다.

### ② 작성 방법

각 지표의 전월대비 변화율을 통계적으로 종합, 가공하여 산출한다.

### ③ 해석

a. 전월 대비 증가율이 (+)인 경우 → 확장국면
b. 전월 대비 증가율이 (-)인 경우 → 수축국면

### ④ 유용성 및 한계점

    a. 경기변동의 방향, 국면, 전환점뿐만 아니라 속도(진폭)까지 동시에 파악할 수 있다.
    b. 경기변동의 크기는 측정이 어렵다.
    c. 거짓신호가 발생할 수 있다.
    d. 경기순환국면 내의 모든 경제지표가 동일한 방향으로 움직이지 않는다.

### ⑤ 구성지표

    a. 3가지 군으로 구별(선행 10개, 동행 8개, 후행 5개)

    b. 경기선행지수 (10가지)
      – 건축허가면적, 기계수주액(국내선박제외), 건설용 중간재 생산지수(이상은 투자관련지수), 수출신용
        장 내도액, 수입승인액(무역관련지수), 통총유동성(M3), 예금은행대출금(통화금융), 제조업 재고율지
        수(재고), 중간재 출하지수(생산), 구인구직비율(고용)
      – 보통 기준순환일에 3~10개월 앞선다.
      – **향후 경기변동의 단기예측에 이용한다.**

    c. 경기동행지수 (8가지)
      – 산업생산지수, 제조업 가동률지수(이상 생산관련지표), 생산자 출하지수, 도소매 판매액지수, 비내
        구소비재 출하지수(이상 소비관련지표), 수입액(무역), 시멘트 소비량(투자), 비농가 취업자수(고용)
      – 보통 현재경기와 대체로 일치한다.
      – **현재 경기상황을 판단에 이용한다.**

    d. 경기후행지수 (5가지)
      – 상용근로자 수, 생산자제품재고지수, 도시가계소비지출, 소비재수입액, 회사채유통수익률
      – **후행하여 변동하는 개별지수**

## 4) 설문조사를 이용한 경기예측

현재의 경기상황을 판단하고 장래의 경기흐름을 예측하기 위한 경기분석방법 중 설문조사방법이 있다. 이는 기업가 또는 소비자 등 경제주체들의 경기에 대한 판단이나 전망에 관한 설문조사를 통하여 전반적인 경기동향을 파악하는 것으로 기업경기실사지수(Business Survey Index : BSI)와 소비자태도지수(Consumer Sentiment Index : CSI)가 이에 해당한다.

$$계산방법 = \frac{(긍정적\ 응답자 - 부정적\ 응답자)}{전체응답자\ 수} \times 100 + 100$$

① **기업경기실사지수 (Business Survey Index : BSI)**

- 기업의 활동 및 경기 동향 등을 기업가의 판단이나 전망으로 파악하는 방법이다.
- 경기 동향을 바탕으로 경영방침을 수립하므로 정확할 수 있다.
- **선진국에서는 중요한 경제지표로 이용한다.**

〈해석〉 a. $0 \leq BSI \leq 200$
　　　　 b. BSI 〉 100 → 확장국면, BSI 〈 100 → 수축국면
　　　　 c. BSI = 100 → 전환점(정점 또는 저점)

② **소비자태도지수 (Consumer Sentiment Index : CSI)**

- 시장경제의 주체인 소비자의 경기에 대한 전망으로 파악하는 방법이다.
- 소비자의 향후 소비형태에 따라 기업의 생산도 영향을 끼치므로 중요한 지표이다.
- **특히 경제 수축국면 및 전환기에 유용한 지표이다.**

〈해석〉 a. $0 \leq CSI \leq 200$
　　　　 b. CSI 〉 100 → 확장국면, CSI 〈 100 → 수축국면
　　　　 c. CSI = 100 → 전환점(정점 또는 저점)

# 주식초보, 집중력의 중요성

주식초보에게 중요한 것은 집중력이다. 시장의 작은 흐름도 놓치지 않으려는 노력이 필요하다. 집중력의 달인은 주식초보와 달리 주변의 많은 변수들을 체크하고 매매 판단에 다양하게 적용한다. 집중력의 달인은 연일 환율이 급락하는 구간이라고 해서 신한지주를 팔고 하이닉스로 갈아타지 않는다. 환율수혜주니 피해주니 굳이 구분하지 않더라도 수급의 균형은 환율에 따라서 자연스럽게 바뀌게 되어 있는데, 이런 부분을 파악하는 것이 주식초보와 확연하게 다른 달인의 집중력이다. 나스닥 선물이 20P나 급락한 날이 있었다. 이런 장세에서 종가에 현대차를 사지 않는 것도, 만기일 날 막판 동시호가에 두려움 없이 매수에 가담하는 것도 다 집중력에서 비롯된다. 또한 주식초보가 중급으로 넘어갈 때 즈음 유럽증시와 미국증시를 고려해서 다음 날로 포지션을 갖고 가거나, 물량을 털고 다음 날 오전 동시호가를 노리는 것도 모두 고도의 집중력에서 나온다.

기술적으로도 집중력의 달인은 주식초보보다 특별하다.
달인은 종가에 갭 상승 양봉으로 버티는 종목, 그것도 장 막판까지 강하게 매수가 붙는 종목은 과감하게 따라 붙는다. 양봉밀집 패턴은 다음날 동시호가를 위해 매수를 자제하고, 음봉 밀집 패턴은 종가에 매수해서 다음날 동시호가에 던진다. 차트급소도 없고 메이저 매도로 인해 추세가 훼손된 종목은 결코 저평가 논리로 매수하지 않는다. 이런 고수는 미세한 차이를 분석하고 현재의 팩트를 인정한 후, 보다 유리한 상황에서 거래하는 것이 바로 집중력의 달인이다. 확률을 따지지 않는 고수는 없으며 주식초보 수준보다 최상의 확률을 추구하는 것이 집중력의 달인이다.

주식초보가 보지 못하는 지수 흐름이 20분선에서 눌림목을 주거나 박스권 상단을 돌파할 때 매수하는 것도, 1등 테마의 대장주를 공략하는 것도, 첫 상한가 진입이 예상되는 종목 중에 시가총액이 적은 종목을 노리는 것도, 다 집중력의 차이다.
거래 타이밍을 감각적으로 잡는 것이 주식초보라면 모든 확률적 가능성을 체크하면서 최상의 타이밍을 잡는 투자자, 결정적인 순간까지 집중력을 잃지 않는 투자자가 바로 집중력의 달인이자 주식초보가 배워야할 투자의 고수인 것이다.

집중력은, 매도 타이밍을 잡을 때 굉장히 더욱 요구된다.
손절매 폭을 타이트하게 잡으면 손실을 짧게 잘라주는 장점도 있지만, 가격 변동성이 크면 주가가 손절매가를 벗어나 쉽게 물릴 수 있는 단점 또한 있다. 자칫 집중력을 잃고 방심했다가는 매도 기준을 넘어서도 순식간에 물릴 수도 있는 것이다. 막상 손절 기준에 도달해도 손은 잘 나가지 않게 된다. 손실 금액이 크면 클수록 자르려니 갈등이 생기는 것이다. 주식초보 또한 마찬가지로 손해난 종목을 기분 좋게, 잘 파는 사람은 거의 없을 것이다. 손절은 기본으로 실천하는 것이고, 그 기준은 고통스럽지 않아야 지켜지는 법이다.
주식초보는 마인드 컨트롤을 잘 해야 한다.

# V. 기술적 분석

## 1. 기술적 분석의 흐름

### 1) 기술적 분석의 기원 - 혼마 무네히사

우리가 보는 기술적분석의 기초인 캔들차트는 누가 만들었을까?

일본의 거래의 신이라 불리는 혼마 무네히사(1717-1803)는 캔들차트를 세계 최초로 고안한 사람이다. 그가 창안한 캔들차트는 사람들의 심리가 담겨있고 시장의 에너지가 드러난다. 또 방향성이나 방향성의 변화를 잡아낼 수 있도록 일목요연하게 고안되어 있다. 물론 오늘날 우리가 편리하게 사용하고 있는 캔들차트는 스티브 니슨이 혼마의 이론을 쉽게 만들어서 서구에 소개한 것으로, 스티븐 니슨의 캔들차트를 세계인이 모두 사용하고 있다.

### 2) 혼마 무네히사의 사카다 5법

혼마 무네히사는 매수매도의 시기를 판단하는 기준으로 사카다 5법을 창안했다. 사카다 5법은 단순한 매매법칙이지만 혼마 무네히사는 이것을 기반으로 자신만의 매매법칙을 세움으로써 2~3세기 전 막대한 부를 쌓을 수 있었다.

#### ① 3산

주가는 같은 움직임을 세 번 이상 되풀이 하지 않는다는 이론을 근간으로 한 '3'개의 봉우리를 의미하며, 헤드 앤 숄더 패턴으로도 불리며 첫 봉우리에서 거래량이 가장 많고, 2번째 3번째 봉우리로 갈수록 거래량이 줄어든다.

#### ② 3천

3산과는 반대되는 개념으로 바닥권을 나타내며 역 헤드 앤 숄더 패턴으로도 불린다. 저점이 세 번 형성되면 주가는 반전된다.

### ③ 3법

사는 법, 파는 법, 쉬는 법을 말한다. 그의 기법 중 가장 눈에 띄는 점은 쉬는 법을 하나의 방법으로 생각하였다. 즉, 투자 대상종목에서 현금도 하나의 종목이며, 기회는 관망하며 때를 기다리는 자에게 오는 것이라고 생각했다.

### ④ 3공

갭을 의미하며, 갭이 세 번 발생하면 그 후 시세는 반대로 진행한다는 이론이다. 1공은 돌파 갭이라 하여 강한 매수세가 매물의 압박을 뚫고 압도할 때 나타나며, 2공은 지속 갭으로 발 빠른 매수세의 추격매수로 인해 나타난다. 3공은 소멸 갭으로 우매한 개미들의 추격매수로 나타난다.
– 상승의 갭일 때 거래량 순서 : 1공 〉2공 〉3공
– 하락의 갭일 때 거래량 순서 : 1공 〈2공 〈3공

### ⑤ 3병

3병은 '새로운 추세가 전환되어 시작되는 것을 확인시켜 준다'는 고전적인 이론으로서 바닥권이나 고점권에서만 적용이 가능하며  추세가 상당히 진행된 상태에서 나타나는 3병은 이론과 달리 해석이 필요하다. 3병이란 3개의 같은 색깔의 캔들이 연속해서 나타나는 것으로 3병의 중요한 특징은 3병 간에는 갭을 형성하지 않는다는 것이다.

## 3) 기술적 분석가

기술적 분석가를 차티스트(Chartist)라고 한다. 주가는 기업의 객관적인 평가만으로 결정되는 것이 아니며, 사람의 심리, 쉽게 바뀌지 않는 행동패턴의 영향을 받는다.
차티스트는 차트를 통해 주가와 거래량을 근거로 한 과거 사실의 결과에 기반하여 기술적으로 분석한다.

## 4) 기술적 분석의 과거와 현재

| 전통적 기술적 분석 | 현대적 기술적 분석 |
| --- | --- |
| 그래프적(아날로그적)분석<br>정태적<br>정성적, 주관적 판단<br>수작업<br>현상인식<br>감 | 수치(디지털적)분석<br>동태적, 자기수정적<br>객관적 판단<br>컴퓨터에 의한 시뮬레이션<br>예지적<br>최적화 |

과거의 기술적 분석과 현대의 기술적 분석은 기본 틀에 있어 크게 달라진 것이 없지만, 분석의 방법에서 좀 더 과학적으로 진화하였다.

컴퓨터의 발달은 과거 사람이 쉽게, 빠르게 할 수 없었던 부분을 계산해주고 있다. 현대적 기술적 분석의 가장 큰 특징은 컴퓨터를 이용한 디지털적 분석으로, 동태적으로 많은 데이터를 이용한 데이터 시뮬레이션이 가능해졌다. 또한 HTS 프로그램 보급으로 개인들도 얼마든지 정교한 기술적 분석이 가능해졌다.


## 5) 기술적 분석의 가정

대부분의 많은 책에서 다루는 기술적 분석은 그 이론적 근거가 되는 3가지 주요 기본 가정을 바탕으로 이루어졌다. 이 가정은 기술적 분석의 철학적 근거가 되기도 한다.

### ① 시장의 움직임은 모든 것을 반영한다. (Market Action Discounts Everything)

기술적 분석가들의 이론에서 주가는 이미 알려진 것은 물론, 알려지지 않았거나 예측 가능한 시장 참여자들의 판단과 감정, 정치적 혹은 사회적인 큰 변혁, 심지어는 전혀 예측할 수 없는 불가항력적인 천재지변까지도 이미 가격에 반영되었거나, 곧 반영된다고 생각한다.

기술적 분석가들은 시장이 강세 또는 약세로 진행되는 것에는 반드시 어떤 이유가 있다고 생각한다. 하지만 이러한 이유를 밝히는 것이 미래를 예측하는 데 있어 반드시 필요하다고는 믿지 않는다. 이 가정은 기술적 분석이 갖는 가장 기초가 되는 것이며, 매우 중요하다.

### ② 주가는 추세를 이루며 움직인다. (Prices Move in Trend)

추세는 기술적 분석가들이 가장 알고 싶어 하는 것이며, 이는 전환하기까지 같은 방향으로 계속 움직이려고 하는 경향이 강하다. '추세'의 전제는 뉴턴의 제1법칙 '관성의 법칙(Law of inertia)' 과 관련이 있고 이를 근거로 '주가는 추세를 가지려고 한다'라고 가정할 수 있다.

기술적 분석가들은 추세 관성의 법칙을 가정하여, '추세순응형 전략(Trend following)'을 구사하기도 한다. 추세순응형 전략이란, 말 그대로 추세에 순응하며 추세가 상승추세 때는 매수, 하락추세로 때는 매도 쪽에 가담하는 것을 말한다. 이는 주 추세가를 의미하며 주 추세 속에 작은 하락은 개의치 않는 매매전략이다.

### ③ 역사는 되풀이 된다. (History Repeats Itself)

기술적 분석가들은 주가의 움직임에서 어떤 형태의 모형(패턴)들이 반복되어 출현하고 있음을 발견하게 되었다. 그리고 이 모형(패턴)의 반복은 시장참여자들 간의 약속이 아님을 알고 나서 시장참여자들이 공통적으로 움직이는 패턴을 연구하게 되었다. 연구 결과, 시장에 참여한 다수의 인간 행동과 주가의 움직임이 밀접한 관계가 있으리라는 점을 발견하게 되었다. 같은 모형(패턴)의 반복이란 말은 미래가 과거의 반복이란 말과 같다. 즉, 규칙적인 반복현상은 미래의 움직임을 예측하게 한다.

## 6) 주가는 어떻게 결정되는 것일까?

### ① 주가는 기업의 크기가 크면 비싸고 작으면 싼 것일까?

| 순위 | 종목명 | 현재가 | 전일대비 | 등락률 | 거래량 | 거래비중 | 시가총액 | 시가총액비 | 체결강도 |
|---|---|---|---|---|---|---|---|---|---|
| 1 | 삼성전자 | 1,299,000 | ▲ 20,000 | +1.56% | 110,775 | 4.65 | 188,445,069 | 14.75% | 122.91 |
| 2 | 한국전력 | 58,500 | ▼ 600 | -1.02% | 360,562 | 0.68 | 37,554,899 | 2.94% | 57.11 |
| 3 | 현대차 | 144,500 | ▼ 5,000 | -3.34% | 487,715 | 2.30 | 31,829,951 | 2.49% | 49.40 |
| 4 | 삼성물산 | 139,000 | ▼ 1,000 | -0.71% | 221,864 | 1.01 | 26,366,916 | 2.06% | 40.18 |
| 5 | 아모레퍼시픽 | 402,000 | ▲ 12,000 | +3.08% | 98,018 | 1.27 | 23,500,313 | 1.84% | 206.03 |
| 6 | 삼성생명 | 117,500 | ▲ 500 | +0.43% | 69,027 | 0.26 | 23,500,000 | 1.84% | 176.38 |
| 7 | 삼성전자우 | 1,080,000 | ▲ 1,000 | +0.09% | 20,411 | 0.71 | 23,320,901 | 1.82% | 76.40 |
| 8 | 현대모비스 | 231,500 | ▼ 7,500 | -3.14% | 142,805 | 1.08 | 22,535,104 | 1.76% | 46.39 |
| 9 | LG화학 | 326,500 | ▲ 9,000 | +2.83% | 113,334 | 1.19 | 21,637,514 | 1.69% | 165.62 |
| 10 | NAVER | 649,000 | ▲ 21,000 | +3.34% | 67,567 | 1.42 | 21,392,779 | 1.67% | 373.53 |
| 11 | SK하이닉스 | 27,850 | ▼ 350 | -1.24% | 1,945,686 | 1.76 | 20,274,866 | 1.58% | 77.98 |
| 12 | POSCO | 218,500 | ▲ 5,000 | +2.34% | 165,939 | 1.17 | 19,050,323 | 1.49% | 254.58 |
| 13 | 신한지주 | 39,750 | ▼ 150 | -0.38% | 410,161 | 0.53 | 18,849,434 | 1.47% | 54.65 |
| 14 | 기아차 | 45,850 | ▼ 1,200 | -2.55% | 779,311 | 1.16 | 18,585,909 | 1.45% | 42.24 |
| 15 | SK텔레콤 | 207,000 | ▼ 3,000 | -1.43% | 74,410 | 0.50 | 16,714,362 | 1.30% | 93.88 |



위 사진은 2016년 4월 4일 기준 시가총액 상위종목을 표시한 것이다.
- 시가총액 상위 순위와 현재 한 주당 가격이 같지 않다. '주가 = 시가총액 / 주식수'로 나누어 표현한 것으로, **기업의 가치가 높더라도 이를 표현하는 주식의 수(발행주식수)가 많으면 한 주당 가격은 낮아진다.**

### ② 주식가격은 어떤 식으로 반영될까?

주식시장에서는 주식의 수요(매수)와 공급(매도)이 결정되는 값에서 결정된다. 이런 거래가 이루어짐으로써 주가가 변화하고 매수와 매도가 만나 거래가 체결되면서 거래량이 발생한다.

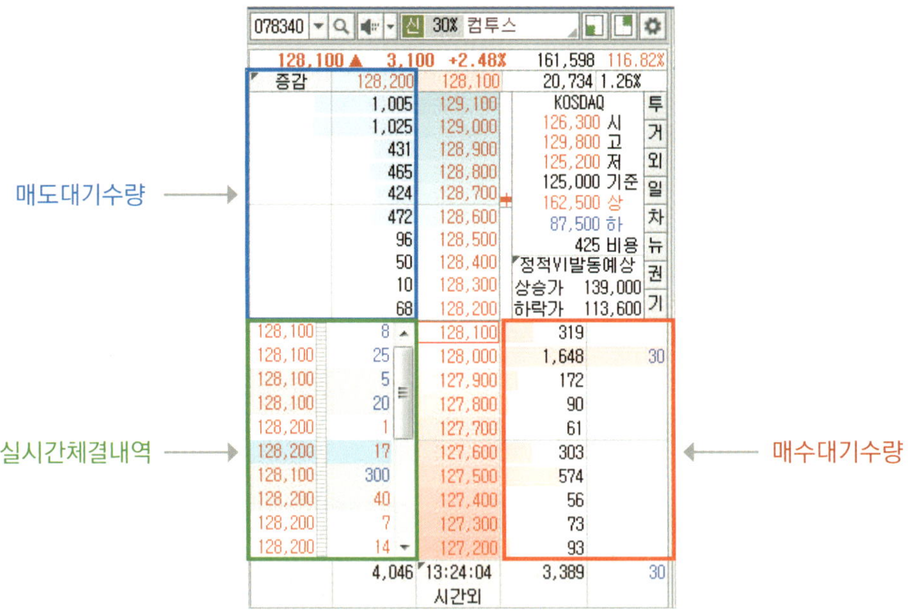


컴투스의 체결창이다. 컴투스 주식을 100주 사기 위해 128,400원에 매수주문을 냈다면, 결제는 128,200원에 68주와 123,300원에 10주, 128,400원에서 22주가 체결되고 현재 주가 가격은 128,400원이 될 것이다.

위의 체결내역은 실시간체결내역에 표시되며, 128,200원에 빨간색으로 68주와 128,300원에 빨간색으로 10주, 128,400원에서 빨간색으로 22주가 표시된다.

하지만, 누구도 주식을 비싸게 사고 싶지는 않을 것이다. 128,400원에 매수주문을 넣으면 바로 100주의 주문이 체결되겠지만, 현재가격인 128,100원에 매수주문을 넣었다고 한다면, 매수대기 수량에 128,100원의 매수대기 수량이 319주에서 419주가 되며, 128,100원에 매도하는 물량이 나타날 때마다 체결원칙에 따라서 순차적으로 체결될 것이다.

이번엔, 100주를 매도 한다고 가정해보자. 현재주가 128,100원에 대기수량은 매수물량 319주가 있다. 매도주문은 128,100원에 사고자하는 수량 319주 덕분에 바로 체결이 될 것이며 실시간 체결내역엔 128,100원에 파란색으로 100주가 표시된다.

※ 만약, 매도주문에 실수로 현재가보다 낮은 가격인 127,500원에 냈다면 매도자는 127,500원에 사고자하는 매수자와 만나 체결이 될까? 다행히도 체결원칙에 따라 더 높은 가격인 128,100원에 사고자하는 사람들이 있기 때문에 시장은 127,500원에 매도주문을 냈더라도 128,100원에 매도체결이 이루어진다.

## 2. 기술적 분석 투자의 유의점

위 차트는 파이오링크의 주가차트이다.

가격움직임과 거래량변화를 토대로 미래의 주가를 예측하는 기술적 분석을 한다면 향후 주가가 어떻게 될 것 같은가? 기술적 분석가들은 어떻게든 해당 차트를 통해 분석을 하려고 할 것이다. 누군가는 20일 이평선을 돌파하였으므로 매수 시점이라고 분석할 수도 있을 것이다.

상승할 것으로 보이는가? 그러나 안타깝게도 이 종목은 며칠 뒤 상장폐지사유로 거래가 정지되었다.

※ 기술적 분석은 기업의 재무상태를 반영하지 않기 때문에 한계가 있다.

## 1) 기술적 분석의 한계점

### ① 주가변화 해석이 상이하다.

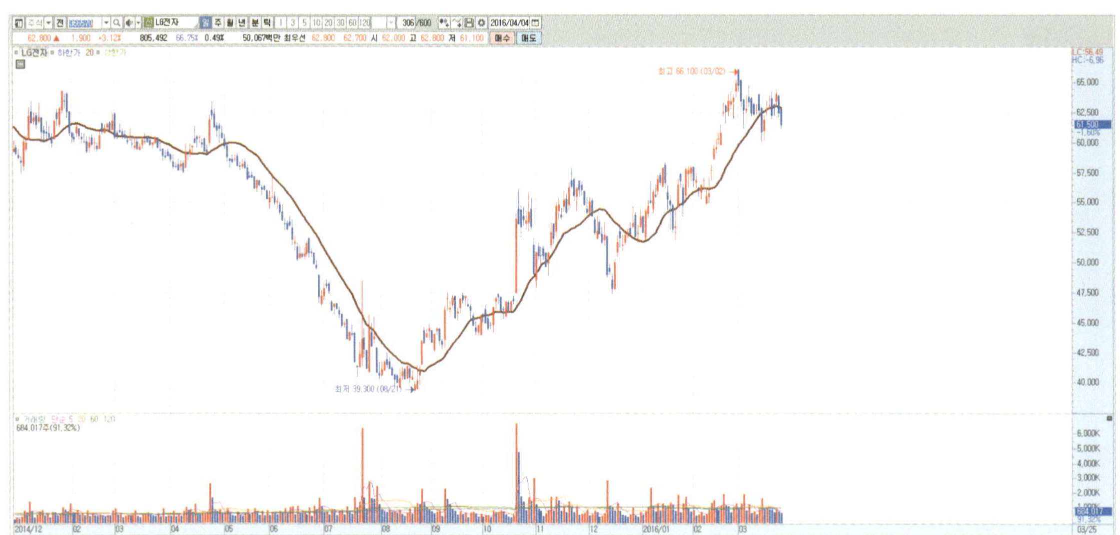

※ 위 차트는 LG전자의 주가차트이다. 동일한 과거의 주가에도 예측이나 해석이 다를 수 있다.

- **매수의 예측 견해** : LG전자는 최근 52주 신고가(1년의 범위에서 가장 높은 주가)를 돌파하고, 1년 전 가격 지지선인 60,000원대를 올라서며 다시 60,000원대의 가격을 지지라인으로 이용하며 추세를 이어갈 것으로 본다.
- **매도의 예측 견해** : LG전자는 현재 장기간 동안 약 6~8개월 정도의 주기로 상승과 하락이 반전이 이뤄지고 있는 경향이 있다. 이것은 현재 LG전자 주추세의 특징적 현상이며 이를 근거로 주추세의 변곡지점이 나타날 확률이 커졌고 고점돌파 시점이나 돌파 이후에도 눈에 띄는 거래량 증가가 없기 때문에 주가가 매도추세로 들어설 것으로 본다.

※ 차트의 해석은 노련한 패턴분석가들도 제각기 다를 수 있고, 패턴분석가들도 패턴들이 만들어지는 동안 인식하지 못하고 만들어지고 난 뒤에야 인식이 되는 경우가 많다.

※ 시장참여자들이 일반적으로 알려진 패턴에 의해 은연 중에 패턴을 완성시켜 가려는 비판적 한계가 있다.

### ② 과거의 자료로 미래를 예측한다.

기술적 차트분석은 '모든 종류의 시계열분석에서 이뤄지는 행태와 같다'라고 말할 수 있다. 마찬가지로 시계열분석의 단점은 기술적 분석의 단점이 된다.
- 새로운 변수가 등장 시 대처 능력이 떨어진다.
- 과거의 동일한 사건도 현재에는 항상 동일한 결과를 수반하지는 않는다.

### ③ 랜덤워크 이론 (Random walk theory)

술에 취한 사람의 걸음걸이를 예측하기 힘들다는 '랜덤워크'처럼 주식 가격의 움직임도 무작위적이고 예측할 수 없다는 가정이다. 과거의 가격변동은 미래의 가격변동 예측에 전혀 도움을 줄 수 없다는 이론으로, 시장초과수익률을 달성하는 전략보다 단순히 매수하여 보유하면서 수익률을 달성하는 전략이 더 큰 수익률을 가져온다고 주장하는 이론적 근거가 된다.

※ 시장행동원리를 공부한 사람에게 '가격움직임은 무작위적이다'라는 말은 설득력이 떨어질 것이다.


## 2) 기술적 분석의 유용성

### ① 시각화된 역사적 기록

가격변동을 알 수 있는 시각화된 역사적 기록(주가변동, 환율변동, 거래량변동 등)은 투자에 참고할 만한 중요한 정보가 된다.
기술적 분석의 기초자료인 차트는 이런 숫자화 된 정보를 시각적 자료로 바꾼 것이다. 컴퓨터를 이용한 기술의 발전으로 신속한 정보의 이미지화가 가능케 되었다.

### ② 가격변동의 불안정성 판단에 용이

기술적 분석의 한계점으로 미래의 주가흐름을 객관화시킬 수 없다고 설명했다. 그러나 많은 차티스트들이 미래의 주가흐름을 예측하는 데 기술적 분석을 이용하고 있고, 미래주가 흐름에 대한 실마리를 찾음으로써 리스크에 대한 판단이 용이해진다.

### ③ 과거사건과 가격 움직임을 비교

과거의 차트와 그 당시 경제적 요인들까지 함께 비교하여 분석할 경우 미래에 보다 정확한 분석이 가능해진다. 즉, 과거사건 간 움직임을 이용해 현재에 대응할 수 있다.

## ④ 매매시점 포착 용이

- 기술적 분석은 매매포인트 결정에 매우 합리적인 방법을 제공한다(기본적 분석에서는 매수와 매도시점을 알 수 없다).
- 현재의 국면이 과열국면인지 공포국면인지 판단할 수 있다.

## 3) 기술적 분석 시 체크사항

- 전체 시장의 방향은 어떠한가?
- 여러 업종의 방향은 어떠한가?
- 주간, 월간 차트는 어떠한가?
- 중요한 지지선과 저항선이 어디에 있는가?
- 현재의 추세는 어떤 추세인가?
- 캔들차트는 무엇을 나타내는가?

# 3. 차트의 종류

일반적으로 많은 기술적 분석가들이 아직도 차트를 기술적 분석의 기본적인 도구로 사용하고 있기 때문에 차트를 빼놓고서 기술적 분석을 설명하기는 어렵다. 따라서 여러 가지 차트의 종류(17가지)를 익히고 자유자재로 사용할 수 있다면 기술적 분석에 유용한 도구가 될 것이다. 그 중에서도 가장 많이 사용하는 차트는 봉차트이다.

## 1) 봉차트

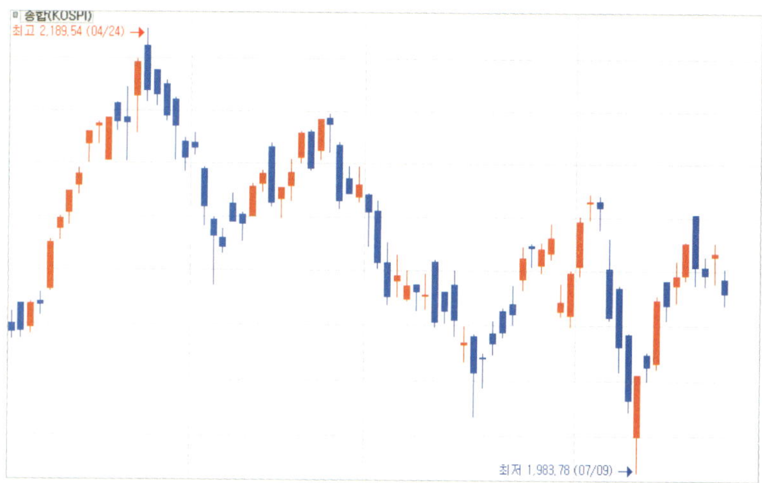

- 우리나라에서 가장 보편적으로 사용되는 가격 차트이다.
- 종가가 시가보다 높을 경우에는 양봉으로, 반대로 시가가 종가보다 클 경우에는 음봉으로 표현한다.
- 장중의 고가와 저가는 위 아래의 꼬리(수염)로 표현한다.

## 2) 바 차트(시고저종)

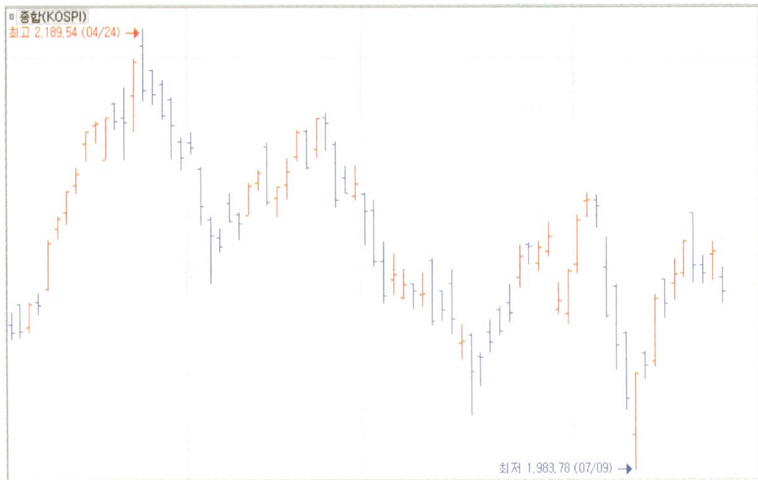

- 바 차트 중에 시가, 고가, 저가, 종가로만 구성된다.
- 바의 최고와 최저는 봉의 최고가와 최저가를 의미한다.
- 시가는 바의 좌측의 잔가지로, 종가는 바의 우측에 잔가지로 표현한다.

## 3) 바 차트(고저종)

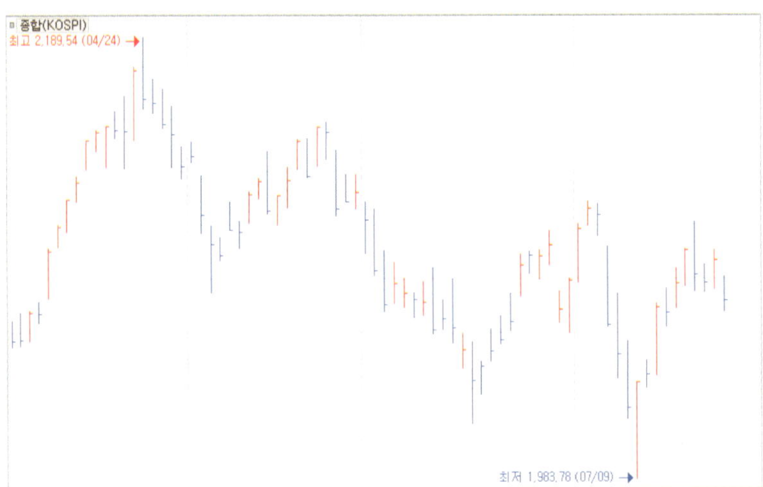

- 바 차트 중에 시가를 제외한 고가와 저가, 그리고 종가로만 구성된 가격 차트이다.
- 바의 최고와 최저는 봉의 최고와 최저가를 의미한다.
- 종가는 바의 우측에 잔가지로 표현한다.

## 4) 종가선 차트

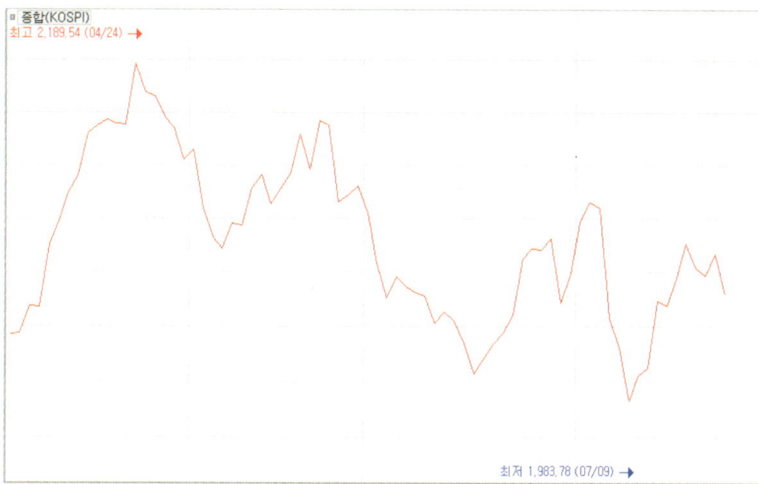


- 간단하게 종가만을 이어 만든 선형 차트로 일명 '라인차트'로 불린다.


## 5) 매물대 차트

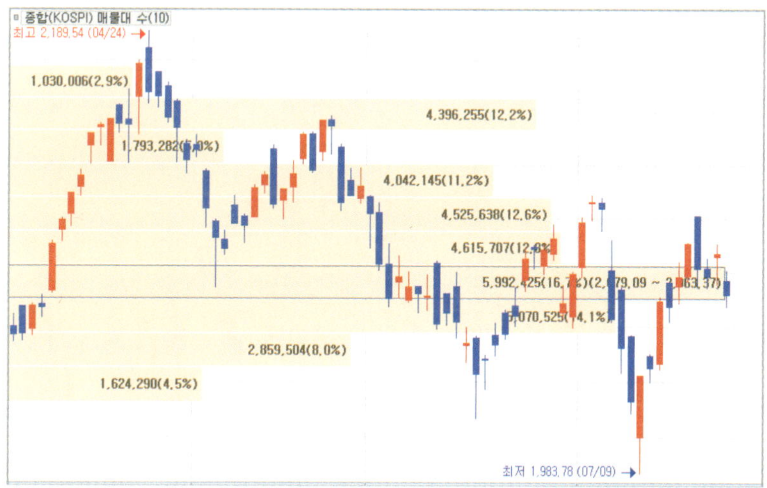


- 누적 거래량 차트라고도 불린다.
- 가격대별 거래량의 비율을 가격대에 바 형식으로 구현한 차트로, 일반적으로 매물대 분석 시 사용된다.
- 가격 차트와는 달리 [매물 가격대 개수]라는 변수로 바의 개수 설정 가능하다.

## 6) P&F 차트

- 시간의 개념을 약간은 벗어난 차트로, 가격의 상승과 하락을 중심으로 추세를 분석할 때 사용한다.
- 기준 가격 이상 상승 시에는 붉은 색으로 X를 표시하며, 기준 가격 하락 시에는 청색으로 O를 표시한다.
- 시간의 개념은 제외되며, X에서 O간의 전환 시에만 한 칸 이동한다.

## 7) 삼선전환도

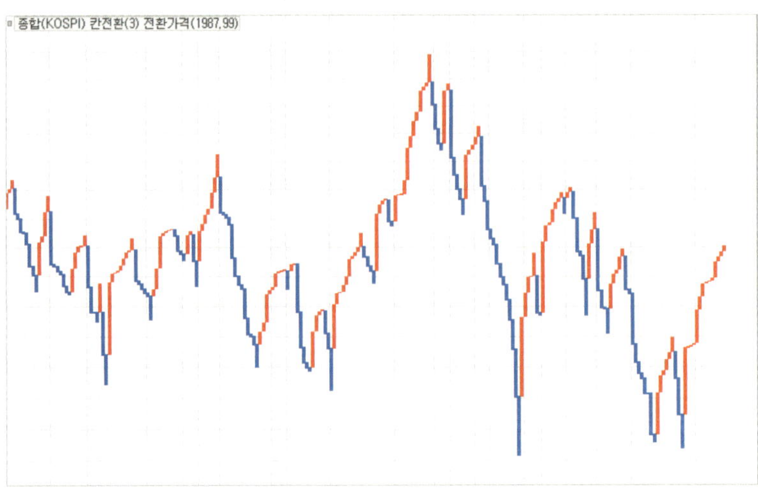



- P&F와 비슷한 개념으로, '칸 전환 변수' 이상으로 주가변동이 발생할 경우, 청색 또는 적색 전환 차트에서 변경된다.
- 주가 상승 시에는 붉은 색으로, 하락 시에는 청색으로 표현된다.
- 변수는 [칸 전환 변수]로 변경된다.

# 8) Swing 차트

- P&F차트와 비슷한 개념이지만, P&F와 달리 주가의 등락을 직선의 굴절로 표시하는 방법이다.
- 변수로 최소반전폭이라는 단일 변수를 사용하여 상승 또는 하락하는 시기를 판단한다.

# 9) Kagi 차트

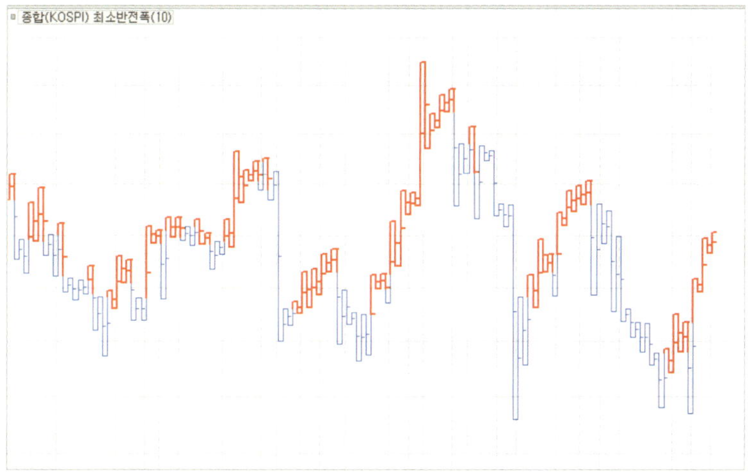


- 1870년대 일본에서 사용된 차트로 Swing 차트와 유사하다.
- 가격이 지속 동일라인으로 확대 시 수직선이 더욱 길어지며, 추세를 전환시킬만한 폭으로 변동되면 새로운 Kagi선이 등장한다.
- 변수는 '최소 반전폭'이 사용된다.

## 10) Renko 차트

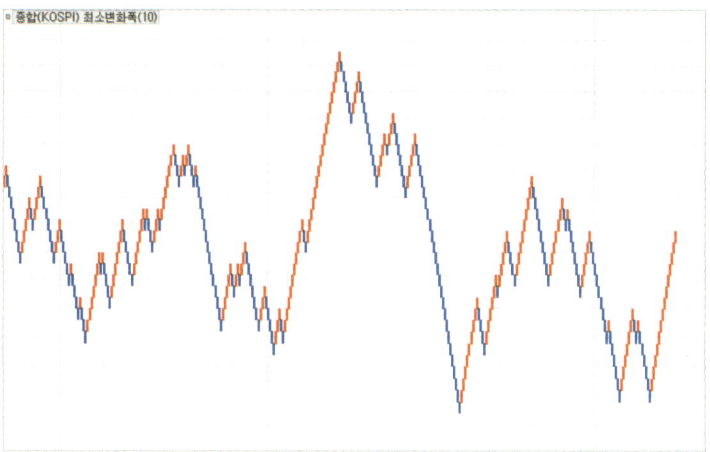



- Ranga(벽돌)라는 일본단어에서 유래되었다.
- Renko 차트는 하나, 혹은 연속된 벽돌로 구성되며 그 벽돌 크기는 동일하다.
- 블록의 색이 변경될 때 각각 상승추세 또는 하락추세로 전환된다.
- 변수로 최소 반전폭이 사용된다.

## 11) 역시계 곡선 차트

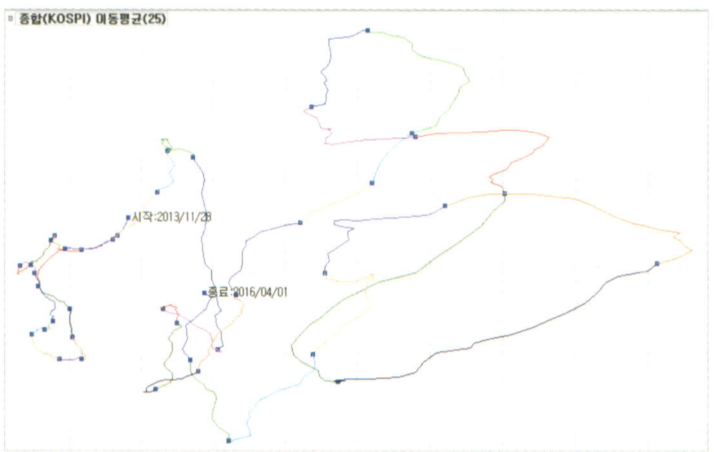



- 역시계 곡선은 가격과 거래량과의 상관 관계를 나타낸 가격 차트이다.
- X축에는 거래량, Y축에는 주가를 두고, 변수(이동평균)의 수치만큼의 일수로 주가 및 거래량을 평균하여 이를 차트에 표시한다.
- 보통 20일 또는 25일 평균선을 사용하며, 사용변수는 '이동 평균선 수치'이다.

## 12) Candle Volume 차트

- 일반 캔들에 거래량을 합한 개념으로, 봉의 좌우 폭을 해당 봉의 거래량이 전체 거래량에서 차지하는 비율로 표시된다.
- 따라서 해당 봉에 거래량이 많으면 봉을 굵게 표시, 적으면 얇게 표시된다.

## 13) Equi Volume 차트

- Candle Volume 차트와 같지만, 봉의 위쪽 끝은 고가, 봉의 하단은 저가가 위치한다.
- Candle Volume의 모양에서 캔들만 완전 네모 박스형이 된 모습이다.

## 14) Flow 차트

- 주가의 흐름을 보기 위한 차트로 고가의 연결선과 저가의 연결선이 영역으로 표현된다.
- Flow 차트는 주가의 추세와 변동성을 동시에 파악 가능하다.
- 추세가 강하게 형성되었을 때는 가는 폭을 그리며 변동 폭이 커지고 추세말기에는 폭이 넓어지는 것이 특징이다.

## 15) 분산형 차트

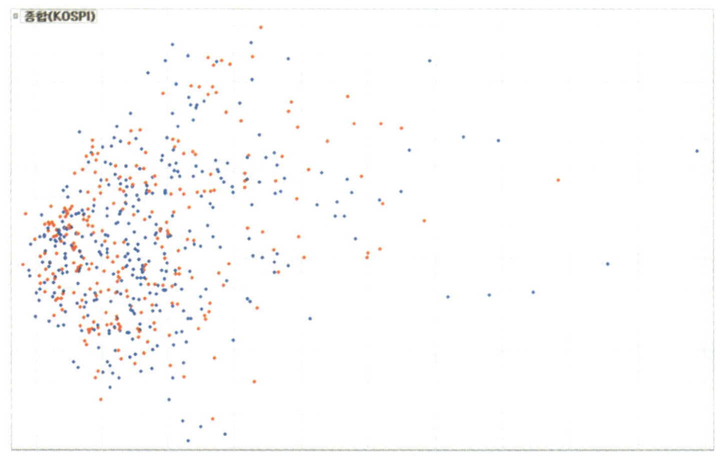

- X축에는 거래량을, Y축에는 주가를 표시한 차트이다.
- 역시계곡선과 비교하면, 역시계곡선은 가격과 거래량의 이동평균선을 사용하기 때문에 주가와 거래량의 최고/최소점을 표현하기 어렵고, 선으로 표현하였기 때문에 거래량과 주가의 분포를 정확하게 파악하기 곤란하나, 분산형 차트는 가격대에 따른 거래량의 밀집 정도를 한 눈에 파악 가능하다.

## 16) 그물망 차트

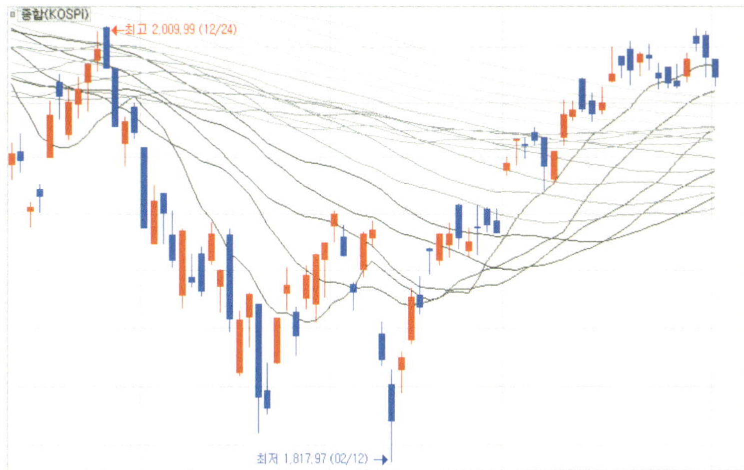

- 여러 개의 이동평균선을 그물처럼 동시에 입력 시켜 놓은 차트이다.
- 주가의 변화에 따라 이동평균선들의 간격이 수렴/확산하는 성질을 이용하여 추세전환 및 변화 여부를 판단한다.

## 17) ZigZag 차트

- 지표의 등락을 실제보다 줄여서 기본적인 선을 연결한 것으로 차트의 등락폭의 변화를 단순화 시켜서 작성된다.
- 반전신호를 강조한 차트이다(앨리어트 파동분석에 유용).

## 4. 캔들의 이해

### 1) 캔들을 알아야 하는 이유?

① 잠재적인 추세 반전 가능성 예상할 수 있으며, 대응 가능한 준비시간을 마련해준다.
② 캔들에 나타난 신뢰도를 올리기 위해서는 단일 캔들(1개)보다 복합캔들(2개 이상)로 해석을 적용하였을 때, 해석 적중률이 높아진다.

### 2) 캔들의 정의와 구조

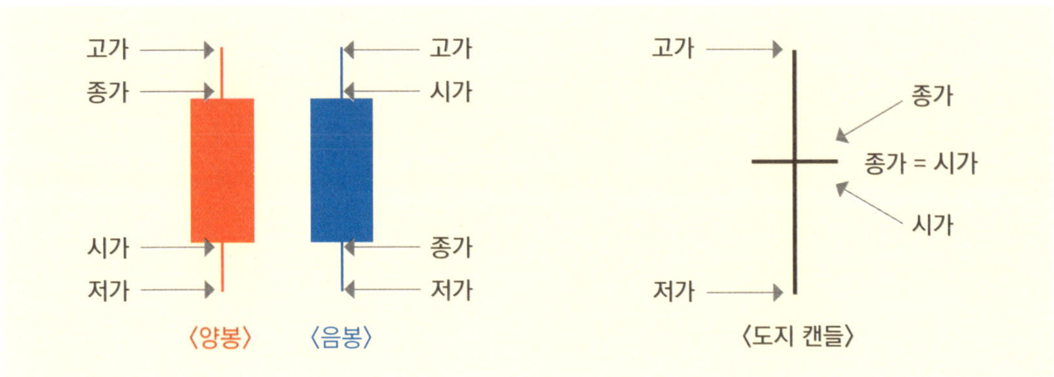


① 봉 캔들은 시가, 고가, 저가, 종가 4가지 구성(주가가 강세인지 약세인지 표시하는 방법)
  • 음봉 : 시초가보다 종가가 낮을 경우
  • 양봉 : 시초가보다 종가가 높을 경우
  • 도지 : 시초가와 종가가 같을 경우
② 상승과 하락을 시각적으로 쉽게 구별이 가능하다.
③ 색깔로 구분하여 매수세와 매도세 중 강한 쪽을 표시해주는 장점이 있다.

### 3) 캔들의 생성

| 양봉 | 구분 | 가격 |
|---|---|---|
| | 시가 | 10,000원 |
| | 고가 | 11,500원 |
| | 저가 | 9,500원 |
| | 종가 | 10,500원 |

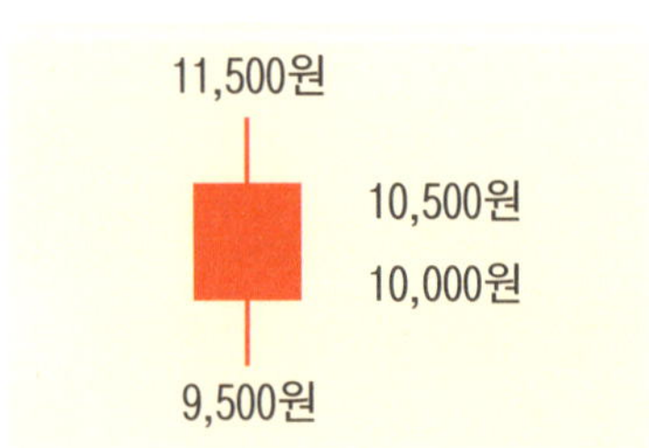

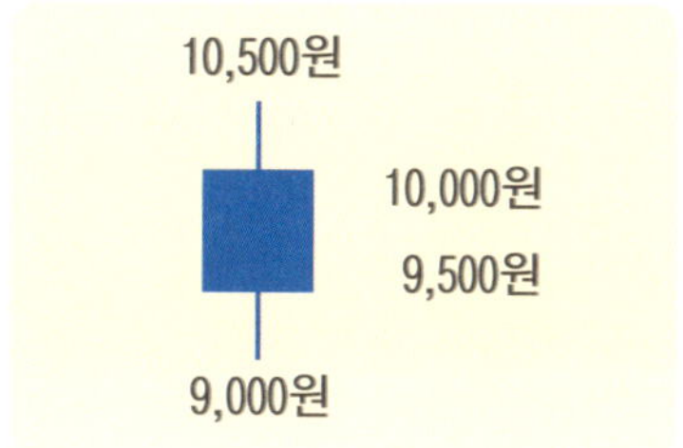

| 구분 | 가격 |
|------|------|
| 시가 | 10,000원 |
| 고가 | 10,500원 |
| 저가 | 9,000원 |
| 종가 | 9,500원 |

음봉



① 종가가 시가를 기준으로 높게 마무리 되었다면 양봉
② 종가가 시가를 기준으로 낮게 마무리 되었다면 음봉

## 4) 양봉캔들

### ① 팽이양봉

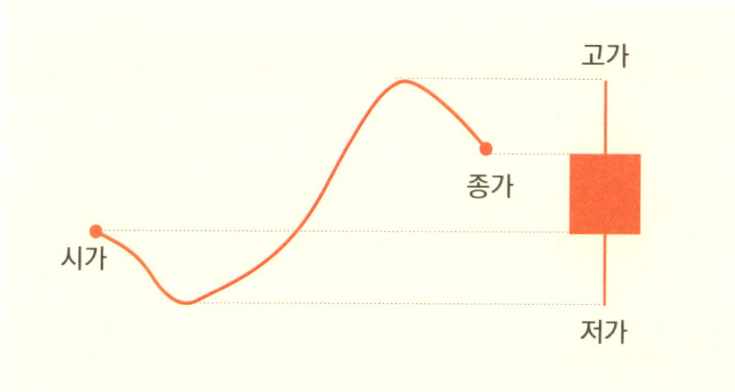


- 위의 그림에서 양봉은 시가보다 종가가 높다는 의미이고, 위꼬리와 아래꼬리를 동시에 가지며 팽이모양을 가지고 있다.
- 위 꼬리가 길다면 고가를 찍고 종가가 고점대비 많이 하락한 상태에서 마무리 됨을 의미하므로, 고가 대비 매도세를 예상할 수 있다.
- 아래 꼬리가 길다면 시가에 비해 장중 매도세가 강했지만 장중 시간이 지남에 따라 주가가 다시 시가이상으로 회복이 되었음을 의미하므로 매수세를 예상할 수 있다.

## ② 장대양봉

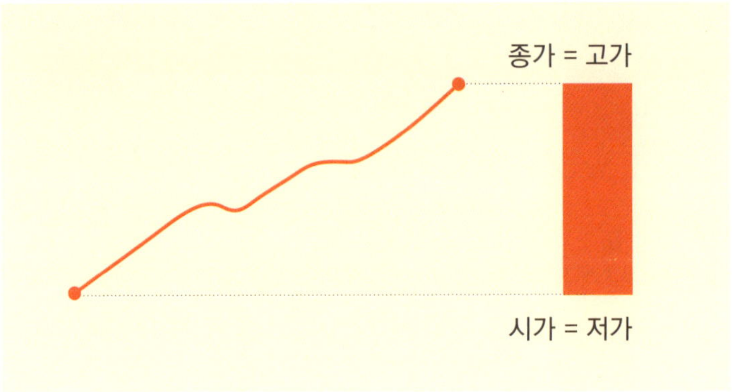


- 주가가 시가에서 밀리지 않고 종가가 가장 고점에서 끝나는 양봉이다.
- 매수 세력이 강력하게 물량을 확보하면서 장중 내내 상승하는 캔들로 가격이 높아져도 매수세가 유입된다.

## ③ 도지형

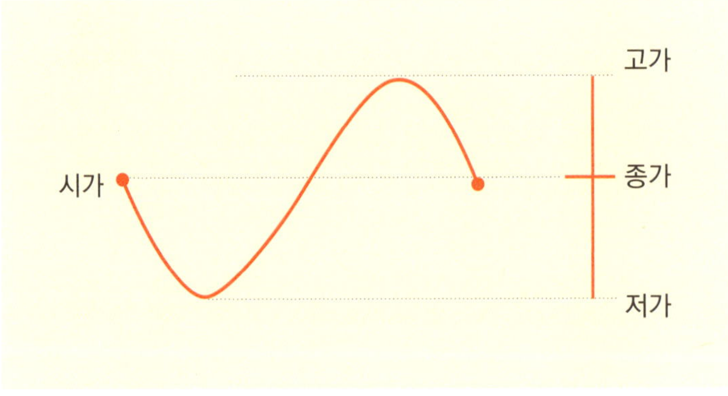


- 매도세와 매수세가 힘의 균형을 이룬 상태로 세력이 쉬는 캔들이다(변곡점이라고 불리기도 함).
- 어느 한쪽에서 조금만 밀어 붙여도 상승과 하락이 크게 나오는 형태이다.

## ④ 역망치형, 비석형

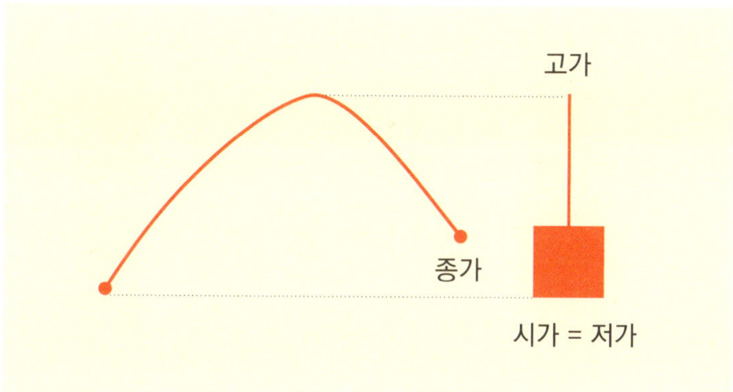


- 시가는 이탈하지 않았으나 고가에서 밀린 형태로 긴 위 꼬리가 발생되었다.
  (= 고가 부근에서 매도세가 강하다는 의미)
- 추세의 고점부분에서 출현한다면 하락을 예상할 수 있다.


# 5) 음봉캔들

## ① 역망치형, 비석형

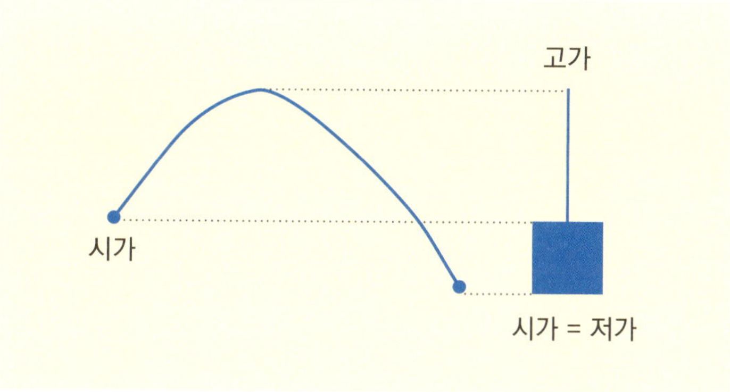


- 시가 위로 상승하다 고가에서 시가 아래까지 크게 밀려 종가가 저가가 되어 마무리된 형태이다.
- 위 꼬리가 길수록 매도세가 강하다는 의미이며 다음날 하락 가능성이 높다.

## ② 교수형, 망치형

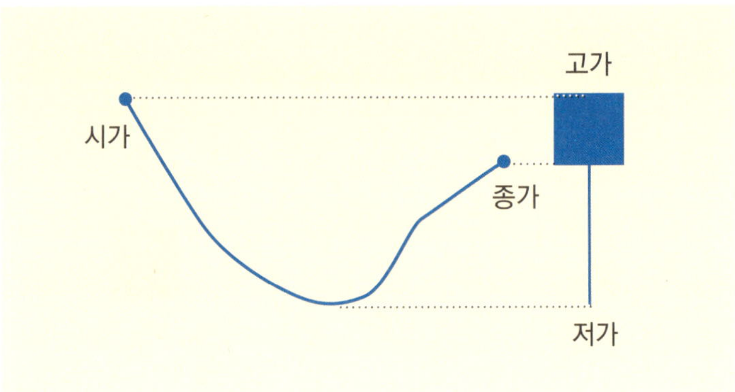


- 주가가 시가 이상으로 올라가지 못하고 하락 후 저가매수유입으로 일정 부분 반등한 형태이다.
- 시가 이상 주가가 올라가지 못하면서 시가가 고가가 된다.
- 긴 밑꼬리 출현 시 저가매수 세력이 있음을 암시할 수 있다.

## ③ 도지형

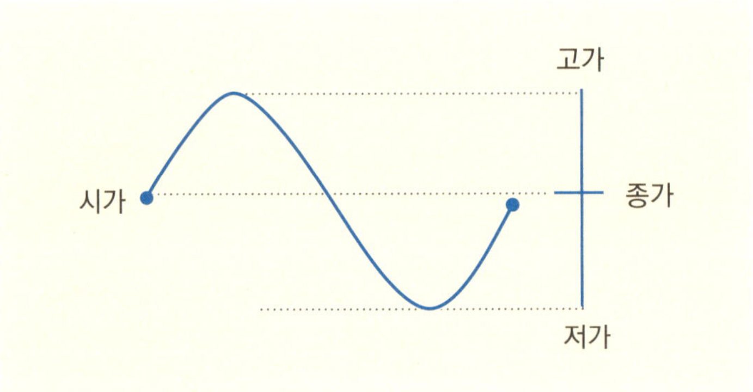


- 시가와 종가가 같음을 의미(몸통이 없음)한다.
- 매수세와 매도세의 힘이 균형을 이룬다.
- 이전에 지속된 힘이 소진됨을 의미한다.

즉 고점에서 출현 시 상승이 멈춘 것이고, 저점에서 출현 시 하락이 멈춘 것으로 유추할 수 있다.

④ 장대음봉

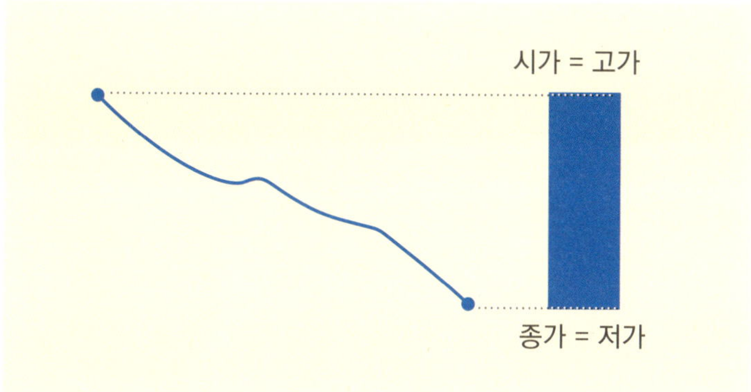


- 장중 내내 지속적으로 하락한 형태이며, 고점 부근에서 발생한 캔들일 경우 세력이 물량을 처분한 캔들이다.
- 최근 주가가 상승 중이라면 의도적으로 물량을 확보하는 캔들로 해석될 수 있다.

## 6) 캔들의 시가, 종가는 언제 만들어질까?

| 증시 거래시간 | | |
|---|---|---|
| 정규시간 | 09:00 ~ 15:30 | |
| 동시호가 | 장시작 동시호가 | 08:00 ~ 09:00 |
| | 장마감 동시호가 | 15:20 ~ 15:30 |
| 시간외종가 | 장전 시간외 종가 | 07:30 ~ 08:30(전일 종가로 거래) |
| | 장후 시간외 종가 | 15:40 ~ 16:00(접수는 15:30 가능)<br>(당일 종가로 거래) |
| 시간외단일가 | 16:00 ~ 18:00(10분 단위로 체결, ±10%) | |

위 사진은 증시 거래시간을 나타낸 것이다. 정규시간은 9시부터 15시 30분까지인데 캔들의 몸통이 될 시가와 저가는 어떻게 만들어질까?

캔들의 시가는 9시에 만들어지며, 장시작전 동시호가인 8시부터 9시까지 한 시간동안 단일가격경쟁을 통해 만들어진다. 캔들의 종가는 15시 30분에 만들어지며 장 마감동시호가 시간인 15시 20분부터 15시 30분까지 10분간 마지막 단일가격경쟁을 통해 만들어진다(시간외 종가에 관한 주가변화는 차트에 표시되지 않음).

## 7) 캔들의 정의

### ① 월봉

1개월 동안의 시가, 종가, 저가, 고가를 하나의 캔들로 표현한 것이 월봉이다.
월봉의 시가는 매월 첫 거래일의 시초가가 되며, 또한 월봉의 종가는 매월 마지막 거래일의 종가로 구성된다. 고가와 저가는 1개월간 장중에 가장 높은 가격과 가장 낮은 가격으로 구성된다. 월봉 차트는 장기적인 추세를 살펴볼 때 주로 이용한다.

### ② 주봉

1주일 동안의 시가, 종가, 저가, 고가를 하나의 캔들로 표현한 것이 주봉이다.
주봉의 시가는 매주 첫 거래일의 시초가가 되며, 또한 주봉의 종가는 매주 마지막 거래일의 종가로 구성된다. 고가와 저가는 1주일간 장중에 가장 높은 가격과 가장 낮은 가격으로 구성된다. 주봉 차트는 중기적인 추세를 살펴볼 때 주로 이용한다.

### ③ 일봉

하루 동안의 시가, 종가, 저가, 고가를 하나의 캔들로 표현한 것이 일봉이다.
일봉의 시가는 9시 정각에 시초가가 되며, 또한 일봉의 종가는 15시 30분 마감가로 구성된다. 고가와 저가는 장중 가장 높은 가격과 가장 낮은 가격으로 구성된다. 일봉 차트는 단/중/장기추세 확인 시 모두 사용하는 가장 많이 사용하는 차트이다.

### ④ 분봉

분단위 시간 동안의 시가, 종가, 저가, 고가를 하나의 캔들로 표현한 것이 분봉이다.
분봉의 시가는 해당하는 분에 처음 거래된 가격이며, 종가는 해당하는 분에 마지막 거래된 가격이다. 고가와 저가는 해당하는 분 동안에 가장 높은 가격과 가장 낮은 가격으로 구성된다. 분봉 차트는 단타 매매를 확인할 때 주로 이용한다.

# 5. 주가의 추세분석

## 1) 주식시장의 추세란?

추세는 흐름의 방향으로서, 다수의 사람이 참여하는 주식시장에서 집단 심리에 기인하는 것으로 그 흐름은 변하기 힘든 진리다. 추세의 개념은 기술적분석에 있어 필수적인 분석 대상이다. '추세에 편승해서 거래하라' 라는 격언도 있듯이 주식시장에서 일정기간 동안 계속 같은 방향으로 움직이는 성질을 말한다.

- 주가의 상승과 하락의 일정한 진행방향을 뜻하며, 기간에 따라 단기/중기/장기 추세선으로 구분한다.
- 한번 결정된 추세는 관성의 법칙에 근거해 지속되려는 경향을 보인다.

일반투자자들은 주가가 상승추세에 있는 동안 주가가 비싸다는 인식이 강해서 매수하지 못하고, 하락추세로 돌아서는 순간을 매수기회로 생각하고 손실을 입는 추세 역행 매매를 하는 경우가 많다. 기술적 분석의 가장 기본적인 추세분석을 제대로 판단하지 못해서 이런 오류를 범하는 것이다.

- 추세의 힘

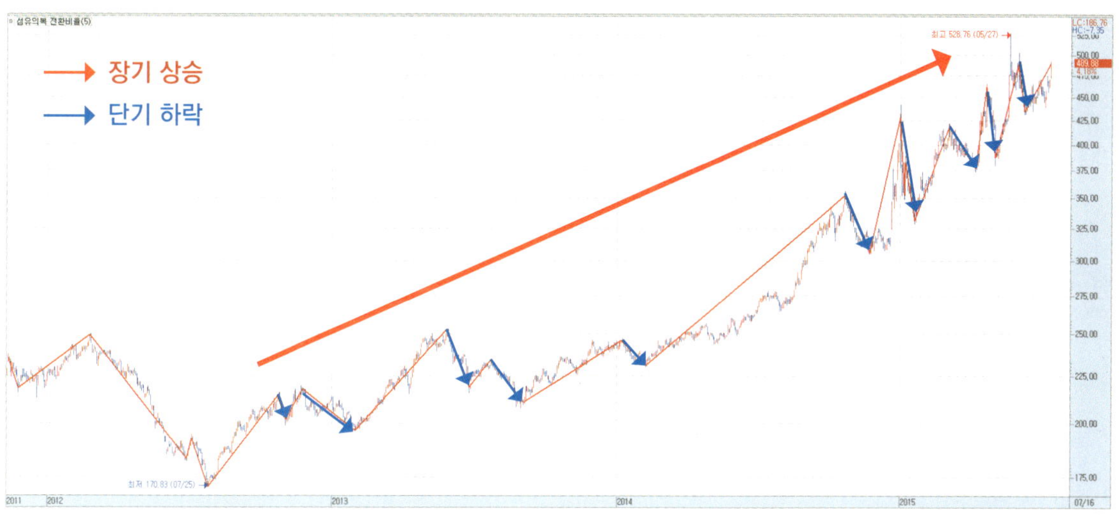


섬유의복 산업의 2012년부터 2015년까지 산업지수를 표시한 차트(전환선을 알기 쉽게 하기 위해 차트형태 : ZigZag차트를 사용)이다. 주가의 움직임이 오르락 내리락 하지만 추세는 3년여 동안 지속적인 상승추세 였다. 이런 추세를 예측하고 보유전략만 취하였더라도 큰 수익이 났을 것이다.

## 2) 추세분석의 장점

① 구체적인 전략이 사전에 결정되어 있다.
② 객관적으로 측정할 수 있으므로 분석가에게 심리적 안정감을 준다.
③ 추세를 올바르게 탄다면 이익의 폭도 커지고, 거래이익도 얻을 수 있다.
④ 패턴분석과 상호 보완적으로 사용 시 시너지 효과가 있다.

## 3) 추세의 종류

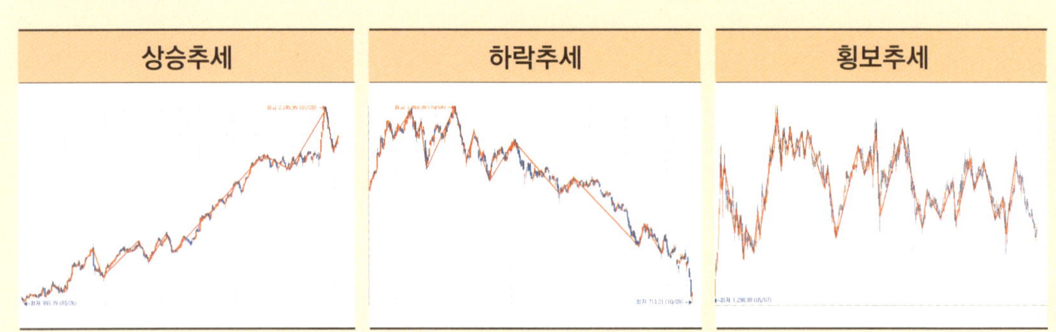


- 상승추세 : 추세대가 우상향하는 모양으로 상단추세선은 저항, 하단 추세선은 지지
- 하락추세 : 추세대가 우하향하는 모양으로 상단추세선은 저항, 하단 추세선은 지지
- 횡보추세 : 추세대가 평행, 매수와 매도가 일정기간 균형을 이루는 기간

## 4) 추세분석 방법

① 저항선과 지지선 이용

- 하락이나 상승의 흐름을 멈추는 현상을 연결한 선이다.
- 간단하게 추세를 예측하는데 많이 사용한다.

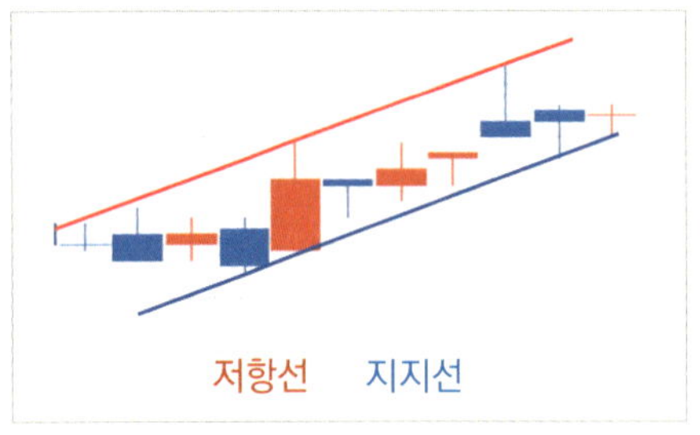


ⓐ 저항선 : 어떤 기간에 있어서 주가상승에 대한 저항을 받고 있는 고점들을 연결한 선
ⓑ 지지선 : 어떤 기간에 있어서 주가하락에 대한 지지를 받고 있는 저점들을 연결한 선

## ② 이동평균선 이용

- 일일 변동과 같은 비정상적인 변동을 줄여 전체 주가 흐름을 파악할 수 있다.
- 해당 기간의 주가의 흐름을 객관적으로 파악 가능하다.

## 5) 지지선과 저항선을 활용한 추세분석 방법

- 일반적으로 상승추세선과 횡보추세선은 지지선을 이용하여 추세를 분석한다.
- 일반적으로 하락추세선은 저항선을 이용하여 추세 분석한다.

## ① 상승추세 지지선 활용

상승추세에서 지지선을 활용한 매매다. 상승파동 안에서도 지지선 부근에서 매매를 한다면 수익률을 극대화 할 수 있다. 지지선을 설정해놓고 기계적으로 지지선에 닿으면 매매하는 것보다 지지선에 닿고 반등 시 매매하는 것이 좋다. 반등 시 거래량이 실린 양봉이 발생한다면 지지받을 가능성이 더 높아진다.

## ② 하락추세 저항선 활용

- 종합주가지수를 이용한 하락추세에서 저항선을 활용한 매매다. A구간에서는 매수 유보, 현금비중확대, 지수움직임과 관련이 적은 종목을 매매하는 전략을 사용하는 것이 좋다.
- B구간처럼 상단 저항선을 돌파할 때 적극적으로 매수하는 것이 좋다.

## 6) 추세분석의 한계점

- 추세분석은 지나간 차트의 흐름을 분석하여 지속되리라고 판단하는 분석방법이므로, 사후성을 지니는 단점이 있다. 따라서 과거의 성공이 미래의 성공을 보장해 주는 것은 아니다.
- 추세의 움직임이 작으면 추세분석의 신뢰도가 낮아진다.

# 6. 이동평균선의 이해

## 1) 가격 이동평균선

가격 이동평균선은 어떤 일정기간 동안에 이루어진 가격의 연속적인 변동 과정에서 일일변동과 같은 조작이 가능한 비정상적인 변동의 영향을 최대한 줄여서 전체 주가의 흐름을 정상적인 상태로 유도하여 가격의 흐름을 객관적으로 판단할 수 있도록 평균화하여 표현한 선이다.

### ① 평균이란?

어떤 값들의 집합의 적절한 특징을 나타내거나 요약하는 것을 의미한다.
평균값 = (개별값의 합 / 개별값의 수)

### ② 주가의 가격이동평균선 만들기

T일의 이동평균치 = (P1 + P2 + ... + PT) / T

| 날씨 | 4월 1일 | 4월 2일 | 4월 3일 | 4월 4일 | 4월 5일 | 4월 8일 | 4월 9일 |
|------|---------|---------|---------|---------|---------|---------|---------|
| 주가 | 9 | 8 | 9 | 10 | 11 | 20 | 11 |

▶ **5일 가격이동평균값 이해하기**

4월 5일(금) = 9.4

4월 8일(월) = 11.6

4월 9일(화) = ☐

## 2) 가격 이동평균선을 이용한 방향성 분석

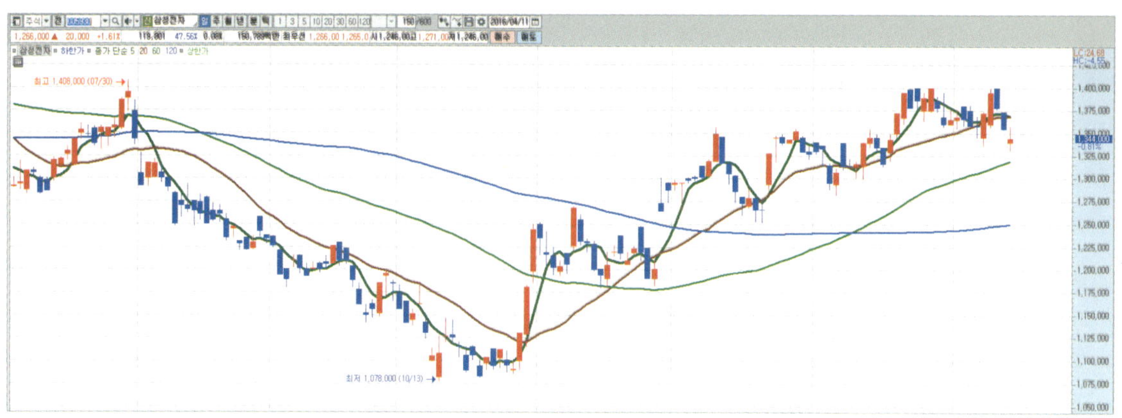

삼성전자의 5, 20, 60, 120일 가격 이동평균선을 나타낸 것이다. 가격 이동평균선은 이전 가격의 평균을 나타낸 것이기 때문에 추세의 흐름을 나타낸다고 이해할 수 있다.

※ 분석하는 기간에 따라 여러 가지 이동평균선을 사용할 수 있다.

### ① 5일 가격 이동평균선 : 생명선

흔히 짧은 단타 시 5일선을 기준으로 5일선 위로 올라가려 할 때 매수

### ② 20일 가격 이동평균선 : 심리선, 세력선

가장 일반적인 기준으로 추세의 저항/지지가 되고 추세 반전된다면 가장 먼저 의미 있는 신호를 가진다.

### ③ 60일 가격 이동평균선 : 수급선

거래량이 충분이 일어난 뒤 변곡이 이루어지는 경우가 많으며 중기 추세의 의미를 가진다.

### ④ 120일 가격 이동평균선 : 경기선

대추세, 장기추세를 나타내며 업종의 경기를 나타낸다.

가격 이동평균선의 생성은 그동안 가격의 평균을 이용하여 가격의 흐름을 보여줌으로써 방향성 분석을 통해 기본적인 현재의 추세를 판단할 수 있다.

# 7. 이동평균선의 활용방법 1(배열도분석)

## 1) 단기, 중기, 장기 가격 이동평균선 찾기

차트에서 지표추가를 통해 가격 이동평균선을 추가할 수 있으며 이동평균선의 값도 설정할 수 있다.
일반적으로 5일, 10일, 20일, 60일, 120일, 200일, 240일 등의 값을 보기로 많이 사용한다. 장기이동평균선은
단기이동평균선에 비하여 완만하다는 성질이 있으므로 이를 이용하여 장/단기 이동평균선을 찾을 수 있다.

## 2) 배열도

### ① 배열도란 무엇일까?

단기, 중기, 장기 이동평균선 각각의 위로부터 아래로의 배열된 상태를 말한다.
- 위로부터 아래로 기간이 짧은 가격이동평균선 순서대로 5일, 20일, 60일, 120일로 있다면, 상승추세로
  정배열 상태
- 위로부터 아래로 기간이 긴 가격이동평균선 순서대로 120일, 60일, 20일, 5일로 있다면, 하락추세로
  역배열 상태

### ② 왜 각각의 이동평균선의 배열이 다를까?

가격 평균을 이루는 값들이 적을수록 새롭게 추가되는 값에 의해 평균 변화가 일어나기 쉽고 가격 평균을
이루는 값들이 많을수록 새롭게 추가되는 값에 의해 평균 변화가 일어나기 어렵다. 그렇기 때문에 장기 이
동평균선일수록 기울기가 유연(완만)해지는 특징이 있다.

〈예시〉 기존 5일 가격평균이 (6, 7, 11, 12, 14) 10이고, 60일 가격평균이 (6, 7, 11, 12, 14 … 14) 10으로 똑같이 가격평균선 위치가 10에 있었다.

금일 종가가 크게 오르며 20으로 마무리 되었다면 5일 이동평균선의 새로운 5일 가격평균은 12.8이 되어 약 28% 오른 것이지만, 60일 가격평균은 10.25로 2.5% 상승한 게 된다.

가격 이동평균선의 상승은 11.2배 차이가 나므로 5일 이동평균선은 가파르게 오를 것이고 60일 이동평균선은 완만하게 오를 것이다.

위 차트는 4가지 가격 이동평균선(5일, 20일, 60일, 120일)을 표시한 것이다. 가격 이동평균선의 특징이 장기 가격 이동평균선 일수록 기울기가 완만해 진다는 것이라면 위 차트를 보고 어느 것이 단기/장기 이동평균선인지 충분히 알 수 있다.

③ 왜? 일봉의 20가격평균선의 위치와 분봉의 20가격평균선 위치가 다를까?

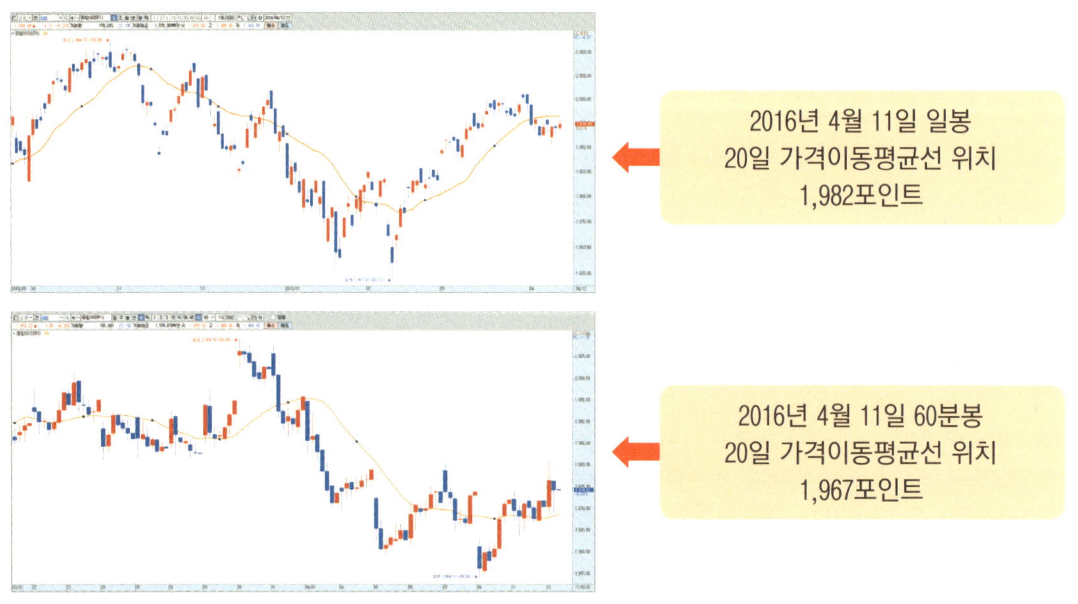

종가의 평균을 구한 값이기 때문에 일봉의 20가격평균선은 20개 일봉의 종가 평균값을 구한 것이고, 분봉의 20가격평균선은 20개 분봉 종가들의 평균값을 구한 것이다.

## 3) 가격이동평균선의 배열도 분석

### ① 정배열

위로부터 아래로 기간이 짧은 가격이동평균선 순서대로 배열된 상태

정배열 상태일 때 가격이동평균선이 **지지라인**으로 작용한다.

### ② 정배열 배열도

a. 한국제지

정배열 배열을 갖추면서 주가가 상승 중이다. 붉은 원 부분은 정배열 상태일 때 가격이동평균선이 지지라인으로 작용함을 나타내고 있다. 정배열 상태일 때 주가는 20일선(단기), 60일선(중기), 120일선(장기) 순서로 지지라인으로 사용되며, 추후 주가가 120일선을 하회한다면 강한 매도 신호이다.

b. 아프리카 TV

가격 이동평균선이 확산시기를 지나 수렴하고 있다. 추세가 약해지고 있음을 의미하므로 주가하락에 대비할 필요가 있다. 실제로 이후 아프리카 TV주가는 하락했다.

## ③ 역배열

위로부터 아래로 기간이 긴 가격이동평균선 순서대로 배열된 상태

역배열 상태일 때 가격이동평균선이 저항라인으로 작용한다.

## ④ 역배열 배열도

a. LG전자

역배열 배열을 갖추면서 주가가 하락 중이다.

푸른 원 부분은 역배열 상태일 때 가격이동평균선이 저항라인으로 작용함을 나타내고 있다. 정배열 상태일 때 주가는 120일선(장기), 60일선(중기), 20일선(단기) 순서로 지지라인으로 사용되며, 향후 주가가 120일선을 돌파한다면 강한 매수 신호이다.

b. EG

가격이동평균선이 역배열상태에서 저항선이 되며 추세반전은 가격이동평균선이 주가와 수렴하면서 이루어지는 경우가 많으므로 현재 주가는 추세반전을 꾀하고 있다.

## 4) 가격이동평균선의 회귀변화

| 1 | 주가와 이동평균선이 멀리 떨어져 있으면(이격도[1]大) 수렴한다. |
| --- | --- |
| 2 | 주가와 이동평균선이 가까이 붙어 있으면(이격도小) 발산한다. |

---

1 이격도 : 주가와 이동평균선 간의 괴리 정도를 보여주는 정도이다.

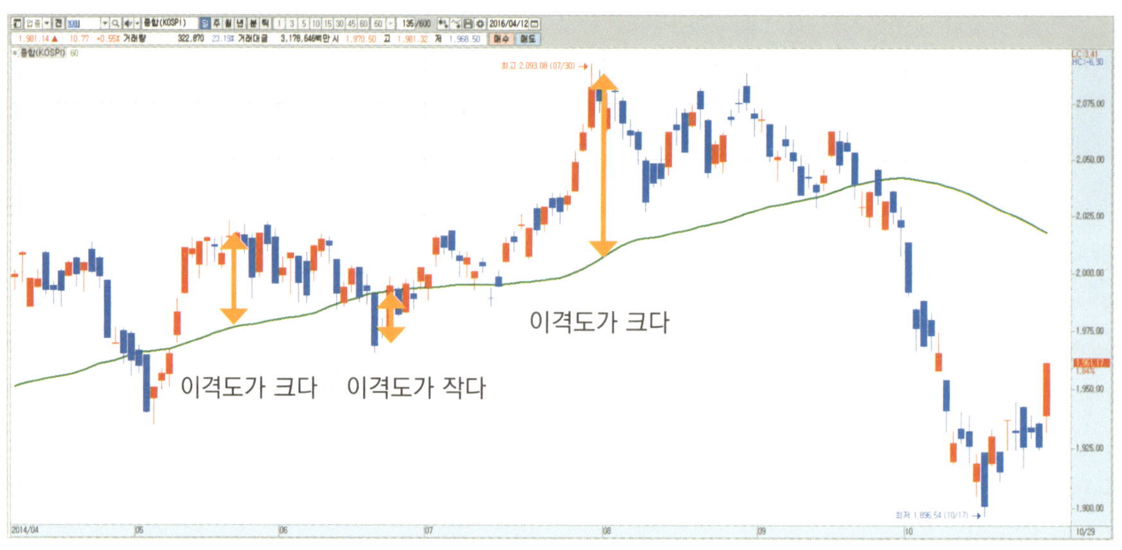

위의 차트에서 보듯이 주가와 이동평균선의 이격도가 커지면 다시 수렴하고, 수렴하면 다시 발산하게 된다. 그 이유는 이동평균선은 주가와 평균값의 관계이기 때문이다.


## 5) 배열도 분석의 결론 및 주의점

| 1 | 역배열 상태인 주식 선정은 조심해라. |
| --- | --- |
| 2 | 역배열에서 정배열로 전환된 주식을 매수해라. |
| 3 | 보통 역배열에서는 가격상승에 저항이 있다. |
| 4 | 보통 정배열에서는 가격하락에 지지가 있다. |
| 5 | 정배열 상태에서도 이격이 크다면 조정받을 수 있다. |
| 6 | 역배열 상태에서도 이격이 크다면 반등받을 수 있다. |

# 8. 이동평균선의 활용방법 2(크로스분석)

크로스 분석은 가격이동평균선이 다른 가격 이동평균선을 교차하는 시점을 분석하여, 매매에 활용하는 방법이다.

## 1) 가격이동평균선의 크로스 분석

**'단기 이평선'과 '장기 이평선'의 교차시점을 분석**

| | |
|---|---|
| **1** | 골든 크로스(매수신호) → 단기이동평균선이 장기이동평균선을 **상향** 돌파할 경우 |
| **2** | 데드 크로스(매도신호) → 단기이동평균선이 장기이동평균선을 **하향** 돌파할 경우 |

## 2) 골든 크로스

### ① 아프리카 TV

아프리카 TV는 가격이동평균선이 지속적으로 주가와 교차하며 박스권 내에서 가격을 형성하고 있었다. 2014년 2월 20일 이동평균선이 중기, 장기 이동평균선을 뚫고 상승하면서 골든크로스가 이루어지면서 상승추세의 가능성을 미리 엿볼 수 있었다.

## ② 셀트리온

2015년 셀트리온의 주식차트이다. 2월과 11월 두 번의 골든크로스가 발생한 시점에서 매수했다면 약 300%의 수익을 얻을 수 있었다.

## ③ 아모레퍼시픽

골든크로스는 매수추세전환의 시작점이 된다. 아모레퍼시픽의 경우에도 장기간 횡보하던 주가는 골든크로스가 발생한 뒤 상승추세를 만들어나갔다.

# 3) 데드 크로스

## ① 대우조선해양

오르막길이 있으면 내리막길도 있는 법! 데드크로스는 고점 이후에 하락추세 반전 시 나타날 수 있다. 단기이동평균선이 장기 이동평균선을 하향돌파하므로 고점 이후 나타나는 데드크로스부터 주가의 하락속도가 더 빨라질 수 있다.

## ② OCI

장기 이동평균선의 방향은 짧은 시간동안의 주가 움직임으로는 바꿀 수 없다. 장기 이동평균선의 방향이 하락을 보이고 있는 상태에서 데드크로스가 발생하면 주가는 더 크게 하락할 가능성이 있다.

### ③ 이아이디

단기 이동평균선이 장기 이동평균선을 하향으로 뚫는 데드크로스가 나타난 뒤 역배열까지 이루어진다면 매도추세에 대비해야 한다. 데드크로스로 역배열 상태가 된다면 주가 하락추세로 이어질 가능성은 높아진다.

## 4) 이동평균선을 활용한 추세분석 정리

### ① 방향성 분석 : 잠깐의 움직임이 아닌 큰 추세를 확인하라!

이동평균선의 방향성을 보고 현재의 추세를 확인할 수 있다(단기 이동평균선보다 중기, 장기 이동평균선을 활용해 현재 추세를 확인).

### ② 크로스 분석 : 추세 전환의 가능성 포인트를 찾아라!

단기 이동평균선이 장기 이동평균선을 상방돌파 시 골든크로스로 상승추세 전환의 신호가 될 수 있고, 단기 이동평균선이 장기 이동평균선을 하방돌파 시 데드크로스로 하락추세 전환의 신호가 될 수 있다.

### ③ 배열도 분석 : 추세의 신뢰성을 높여라!

골든 크로스가 일어나고 정배열(위에서부터 단기, 중기, 장기 이동평균선 배열)이 발생하는 것까지 확인한다면 상승추세전환의 신뢰도를 높일 수 있다. 데드 크로스가 일어나고 역배열(위에서부터 장기, 중기, 단기 이동평균선 배열)이 발생하는 것까지 확인한다면 하락추세전환의 신뢰도를 높일 수 있다.
배열도의 확산이 발생하면 현재추세가 강함을 의미하고 배열도의 수렴이 발생하면 현재추세가 약함을 의미한다. 배열도의 수렴이 시작되면 이동평균선의 크로스가 일어날 수 있고 추세반전이 일어날 수 있다.

# 무리한 포지션으로 잡지 마라.

**주식에서 "탐욕" 은 패배자의 벗이다. 탐욕은 승자를 패배자로 바꾸기도 한다.**

돈을 따고 일어날 줄 아는 사람이 훌륭한 겜블러지만, 잃고도 홀연히 일어날 줄 아는 사람이 더욱 훌륭한 주식 겜블러이다. 주식투자에서 욕심은 이성을 마비시킨다. 큰 것 한방을 위해 미수를 동원하면서 풀배팅을 하거나 빚을 내어 주식물타기를 감행한다면 트레이더로서의 생명은 조만간 끝이 난다. 롱런을 위해서 절제를 배워야 한다. 아울러 담백한 승부를 즐겨야 한다. 수익이 넘치면 주식계좌에서 자금을 인출하고 스스로 자금관리도 해야 하며, 손실이 발생하면 즉각적인 손절매를 통해 주식손실을 최소화해야 한다. 그리고 다음 기회를 노려야 한다. 이게 주식고수의 마인드다.

**주식트레이딩을 할 때 제1원칙은 인내다. 가장 많이 죽는 사람이 이긴다.**

충분히 참았다고 생각한데서 다시 한 번 더 참아라. 이것이 자신이 정한 규칙에 딱 들어맞는 시점이 오기 전까지, 어떠한 의심도 없는 완전한 타이밍이 탄생하기 전까지 참고 또 참아야 한다. 고스톱도 패가 안 좋으면 죽는 것이 상수(上手) 아닌가? 트레이딩도 마찬가지다. 참는 만큼 주식 실수도 줄어든다. 승산 없는 거래는 하지 않는 투자의 각오가 주식시장에서 승자를 만들어 준다.

**주식이 안 되는 날, 일찍 포기할 수 있는 사람이 최고수다.**

3회 이상 연속해서 거래에 실패하면 그날은 주식매매를 접어야 한다. 이런 날은 마음의 평정을 잃고 충동적인 거래로 흐르기 십상이다. 이 정도 수준이 되면 손실 만회에 대한 욕심으로 무리한 포지션만 고집하게 된다. 자연히 손절매 기준이 사라지게 된다. 내일은 내일의 태양이 뜨는 법이다. 시장 또한 내일도, 모레도 쉬지 않고 열린다. 주식투자 평생 한다는 마음으로 손실 포지션을 과감히 정리하고 손실을 확정지어야 한다.

## 주식트레이딩 시 자존심 때문에 끝까지 따라가서 2등으로 지는 것이 최악이다.

실수했다면 즉시, 그리고 완벽하게 주식실패를 인정해야 한다. 주식투자 뿐만 아니라 어떠한 업을 하든지 최고가 되기 위해선 실패를 인정할 줄 알아야 한다. 주식시장이 잘못된 것이 아니라 자신의 견해나 포지션이 잘못된 것이다. 자신의 실수만 인정하고 주식시장에서 빠져나오면 된다. 그리고 과감하게 뒤집을 수 있어야 한다. 포지션을 못 잡고 고집을 부리다가 손실을 키우는 것이 주식투자자의 최악이다.

## 상대가 주식의 강자라는 걸 알면 싸움은 일단 피해라.

'나의 반대 포지션도 옳다'라는 유연한 마인드가 필요하다. 특히 외국인이나 기관의 포지션은 절대적으로 옳다고 믿어라. 그리고 그들과 포지션을 맞춰라. 그들이 시장의 주인이다. 간혹 외국인과 기관들은 시장의 주도 세력인걸 알면서도 그들을 이길 수 있다고 생각하는 트레이더가 있다. 기가 막히는 기법이나 정보로 이길 수 있는 대상이 아니다. 그들의 견해나 포지션은 파헤치기보다 그냥 따르는 것이 상책이다. 아울러 주식시장의 방향이 내 포지션과 반대인 경우도 피해야 한다. 주식시장은 파도를 타듯 부드럽게 흐름을 타야 한다.

# VI. 가치투자

## 1. 가치투자가 필요한 이유

### 1) 일반투자자의 군중심리

#### ① 군중심리란?

개별 주체의 일상적인 각자의 사고가 다르더라도 여러 사람들이 집단으로 모였을 때 동일 행동을 하게 되는 심리 상태를 말한다. 인간이 사회 집단에 소속 되었을 때 안정감을 얻는 사회적인 특성으로 나타나며, 개인이 군중심리에 동참하게 되면, 개인의 이성과 비판력을 상당 부분 상실하고, 무언가를 기대하거나 두려워하는 경향이 있다.

#### ② 군중 심리의 형성 과정

겉으로는 믿을 만한 것처럼 착각되는 매스컴(뉴스와 언론기사)이나 사회적으로 저명한 사람이 쓴 서적을 통해 군중의 의견이 형성되기 시작한다. 군중은 매체에서 주장하는 내용을 크게 신뢰하고 쉽게 동조하게 된다. 대부분은 1차적으로 공식적인 리더십을 가진 매체들로부터 영향을 받고, 2차적으로 신빙성이 약한 소문이나 정보에 영향을 받게 된다.

#### ③ 튤립버블(tulip bubble)

● 최초의 버블경제 네덜란드(1634~1637)

〈17세기 가장 비싼 튤립〉

a. 버블의 시작

터키인들이 이스탄불을 함락시키면서 장엄한 궁전과 함께 중앙아시아 텐산 산맥에서 서식하는 튤립 품종을 재배하기 시작하였다. 몇 종의 튤립을 품종 개량하면서 옷의 문양이나 그림에 등장하고, 16세 무렵에는 상인에 의해 유럽 각지에 전해졌다.

특히 네덜란드에서 매우 큰 인기를 끌어 모았다. 그 중에서도 '브레이크'라는 돌연변이를 일으킨 튤립의 구근은 아름다운 점박이 꽃을 달고 있었다. 소수 튤립에 대한 인기가 단기간에 폭발적으로 증가하였고, 튤립은 식물의 특성상 단기간에 늘리기 어려운 종류이기 때문에 품귀현상으로 가격은 천정부지로 상승하는 결과를 가져오게 되었다.

b. 버블의 과열

튤립의 인기에 투기 세력이 주목한 것은 1634년부터로 추정된다. 투기세력은 꽃의 아름다움에 관심을 가진 것이 아니라 가격 상승을 목적으로 시장에 진입하였다.

거래는 정식 거래소가 아닌 술집에서 열렸고 현금이나 현물보다는 약간의 계약금과 계약서로 거래되었다. 따라서 투기에 튤립보다는 가격상승을 목적으로 한 일반 시민들도 합류하여 가격을 폭등시켰다. 튤립버블의 정점인 1637년 2월에 튤립은 숙련된 장인이 버는 연간 소득의 10배보다 더 높은 가격에 팔려 나갔다.

c. 버블의 붕괴

1673년 2월 3일, 그동안 이어온 구매자가 갑작스럽게 전혀 없는 상태가 되었다. 따라서 투기세력들은 튤립구매보다는 어떻게든 자금을 회수하기 위해서 더 낮은 가격으로 누군가에게 팔려고 하였고, 결국 가격은 짧은 시간 내에 폭락하게 되었다.

· 튤립은 3~7년간의 재배기간이 필요
· 단기간의 수요가 급증
· 1634년에서 1637년까지 90배 폭등

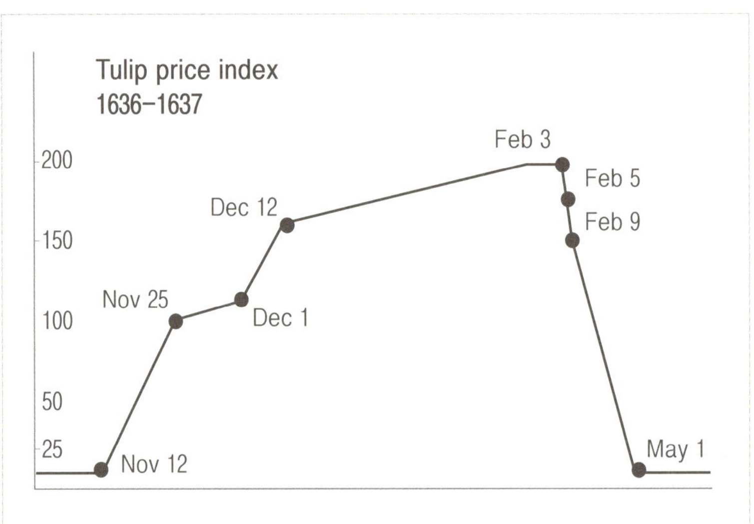



## 2) 주식시장에서의 군중심리

① 개인적인 매매행동에 불특정 다수가 가세하면 군중의 합으로 나타난다. 군중의 합이 판단하는 점으로 시장을 해석하려고 한다.

② 군중이 주식 시장이 좋다고 판단한다면 장점은 부각되고, 단점은 장점으로 둔갑하게 된다.

③ 주식시장도 마찬가지로 시세의 종국에는 탐욕과 공포가 지배하는 행동이 발견된다.

### ▶ 루보사태

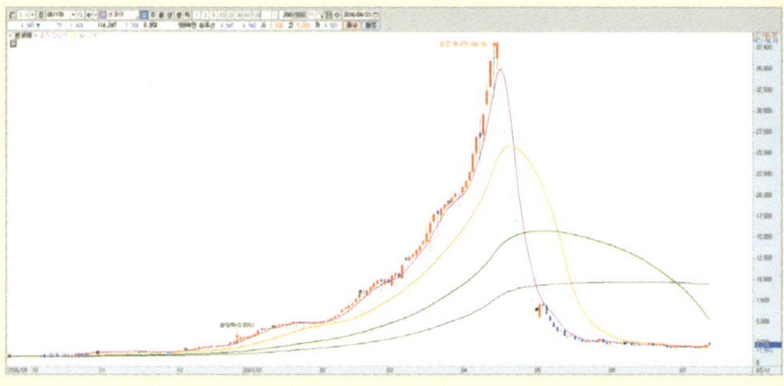 

루보(현 썬코어)는 우리나라 코스닥 시장에서 대표적인 개인투자자를 탐욕 심리를 이용한 작전주이다. 이 종목은 위의 차트에서 볼 수 있듯이 2006년 10월부터 2007년 3월까지 40배 이상의 주가를 끌어올렸다. 계속된 상승을 눈으로 확인한 개인투자자들은 주가가 고점인 구간에서 매수하였고, 하락할 듯 하면서도 계속 꾸준히 상승하였기에 매수만 하면 무조건 수익이라는 탐욕에 사로 잡혀 루보의 가치는 전혀 고려하지 않는 투기에 빠지게 되었다. 결국 2007년 4월 16일 장 마감 이후, 검찰이 주가조작 세력을 적발하고 계좌를 동결함에 따라 주가가 폭락하였고, 수많은 개인 투자자들이 피해를 입었다.

루보회사는 기어 및 동력전달장치 제조업체로, 위의 사진을 통해 알 수 있듯이 경기도 파주시에 위치한 작은 중소기업 회사이다. 즉, 개인투자자가 이 회사의 가치를 조금이라도 생각하고 투자를 하였더라면 과연 이 주식을 매수할 수 있었을까?

## 3) 실패한 일반투자자의 공통점

### ① 빚내서 투자한다.

신용융자, 미수거래, 스탁론, 주식담보 대출 등의 돈을 빌려서 투자를 하는 경우에는 빨리 수익을 거둬야 하는 조바심에 무리한 투자를 하게 된다.

### ② 일희일비, 부화뇌동 투자한다.

자신의 소신 없이 하루하루의 계좌잔고에 집착한다.

### ③ 자신의 능력대비 과도한 자신감으로 투자한다.

주식의 상승 확률은 50%인데, 상승 기억만으로 하락에 대한 대비를 하지 않는다. 내가 사는 종목은 무조건 오른다고 생각한다. 심지어 가격이 하락한 경우도 언젠가는 오를 것이라는 기대를 가진다.

**④ 구체적인 투자관이 없다.**

목표주가 설정과 하락 시 손절매에 대한 전략이 없거나 있더라도 지키지 못한다.

**⑤ 투자정보를 이용하지 못한다.**

기업이 제공하는 많은 정보를 찾지 않는다.

**⑥ 뉴스나 언론매체의 말에 신뢰를 갖는다.**

과거의 통계를 참고하였을 때 뉴스에 따라 매매하는 것에 비해 뉴스와 반대로 매매하는 경우의 수익률이 월등히 높게 나타났다.


## 4) 가치투자란 무엇인가

**가치투자는 작은 외부 변화에 흔들리지 않는다!**
**"가치투자는 자신만의 확실한 투자철학과 신념이 뿌리내리고 있어야 한다."**

① 기업의 가치에 믿음을 둔 주식투자 기법이다.

② 매수한 주식의 기업을 소유한다는 마인드이다.
　 가장 중요한 것은 주가보다는 기업의 실적이나 성장성이다.

③ 하루하루의 시세 변동에 흔들리지 않는 투자이다.

④ 가치와 성장은 반대되는 것이 아니다.
　 성장한다는 것은 기업의 가치도 함께 성장한다는 것이다.

⑤ 장기 관점을 취한다.
　 단기적으로 가치가 변동할 수는 없다. 가치투자자는 장기적인 안목으로 기업에 투자를 하는 것이다.

⑥ 현재의 실적보다 미래의 실적을 주목한다.

⑦ 가치투자자들도 중점을 두는 성장가치가 약간 다르다.

⑧ 가치투자의 두 가지 관점

- 순자산가치(벤저민 그레이엄)로 성장성 예측 : 양적분석을 중요시한다(PER, PBR, 매출액 상승률).
- 무형자산가치(워렌 버핏)로 성장성 예측 : 질적분석을 중요시한다(기업의 산업 내의 독점성, 고객의 충성도, 기업 브랜드 이미지).

## 2. 대가들의 가치투자방법 1_피터 린치의 투자법(기초)

**피터 린치** (Peter Lynch, 1944~)

월스트리트 역사상 가장 성공한 펀드매니저이자 마젤란 펀드를 세계 최대의 뮤추얼펀드로 키워낸 가치투자자이다.
린치는 1990년 46세의 나이로 더 많은 시간을 가족에게 헌신하기 위해 사임했는데, 그때 1백만 명의 주주가 있었다.

주요저서 :
월가의 영웅, 이기는 투자, 피터린치의 투자이야기

## 1) 유년시절 및 성장기

피터 린치는 전직 수학 교수의 아들로 태어났으나 열 살이 되었을 때, 그의 아버지는 뇌종양으로 세상을 떠났다. 그 후 린치는 경제적으로 어려운 유년생활을 보냈다.
그는 가정 경제를 돕기 위해 골프장에서 캐디를 했다. 캐디를 하면서 접한 증권가의 이야기에 큰 호기심을 가진 린치는 주식으로 굉장한 수익을 거둔다는 것을 깨닫게 되었다.
린치는 보스턴 대학에서 공부할 때 과학, 수학, 회계학 과목을 피하고 역사, 심리학, 정치학 등 인문 과목에 집중하였다. 그는 수학적, 과학적인 접근보다는 논리적인 상식으로 주식에 접근하는 것이 중요하다고 판단하였다.

## 2) 피터린치의 투자성과

피델리티에 조사 분석가로 입사해서 1974년 담당 임원이 되고, 1977년에 마젤란 펀드를 맡았다. 1970년대 초 주식 시장의 위기로 인하여 고객들의 펀드 환매가 이어지고 있는 상태에서 린치는 펀드를 담당하게 되었다. 린치는 피델리티의 임원들에게 광범위한 주식 선택 재량권을 부여받으면서 회사로부터 매우 큰 신뢰와 권한을 부여받게 되었다.
이런 환경으로 인하여 린치는 자신의 능력을 마음껏 발휘할 수 있게 되었고, 마젤란 펀드는 1천 8백만 달러의 기초자산이 140억 달러가 넘는 거대한 자산으로 성장하였으며, 전 세계에서 장기적으로 가장 높은 수익률을 거뒀을 뿐만 아니라 가장 큰 펀드가 되었다.
펀드의 성장성을 연간수익률로 환산하면 29.2%에 달한다. 운용기간 13년 중에 단 두 해만 제외하고 S&P500 지수의 수익률을 능가하였다. 1980년대 말경에는 펀드 운용자금이 대부분의 국가의 GDP보다 더 큰 규모로 성장하였다.

## 3) 투자철학

### ① 전문가의 말에 귀 기울이지 말라!

피터 린치는 자신이 펀드 운용자이지만 그 직업에 대해 통렬하게 비판하였다. 그는 일반적인 펀드 운용자는 평범하고, 우둔하고, 규칙에 얽매여 모방만 한다고 비판하였다. 오히려 일반투자자 중 뛰어난 사람이 더 많다고 주장하였다.

> **▶ 펀드 운용자들의 투자 종목선정 비판**
> - 사회적, 정치적 장애물이 있어서 좋은 주식을 매수하는 데 제약이 발생할 수 있다(ex. 술이나 담배회사, 사회적으로 부정적 이미지 기업 투자 제한).
> - 일반 대중이 잘 아는 소형주보다는 대형주에 관심을 가진다. 투자자들은 펀드 운용자가 자신들이 잘 모르는 종목에서 손실을 입을 경우 더 큰 불만을 표출하기 때문이다.
> - 펀드 운용자는 기업의 가치와 무관하게 가격 변동폭과 거래량이 작은 종목은 거들떠보지도 않는다.

### ② 좋은 틈새 주식에 투자하라!

틈새 주식은 현명하게 선택한다면 10루타 내지 40루타 그리고 200루타까지도 나올 수 있다고 종목선정의 중요성을 강조하였다. 소규모 포트폴리오로 이런 한두 개 종목에만 투자하면 성공할 수 있다고 강조하였다.

> **▶ 좋은 틈새 주식의 특성**
> - 형편없는 산업에서 강력한 경제적 독점판매권을 가지고 있다면 산업 내 경쟁자 진입에 매력을 느끼지 못해 점점 더 높은 점유율을 확보할 수 있다.
> - 경영자 위주가 아닌 소유주 지향적인 경영 지표를 보이는 기업은 좋은 틈새기업이다. 무리한 사업 확장보다 기업의 내실에 집중하게 된다.
> - 무리하게 부채를 일으켜서 투자하는 기업은 위험에 빠질 수 있으므로 재무건전성이 높아야 한다.
> - 시장에서 인기가 없어서 그 가치보다 낮은 가격으로 거래되고 있는 기업이다.

### ③ 포트폴리오 관리의 주의사항

- 보유주식에 대한 지식을 유지하기 어렵다면 종목을 늘리지 말라.
- 투자기업의 부정적인 의견을 염두에 두고 판단하라.
- 계속해서 매수한 기업의 내용을 추적하라.
- 모든 종목에서 수익을 거둘 수는 없다.

④ **투자를 할 때 피해야 할 것**

- **시장의 움직임을 예측하여 매매하면 매우 빈약한 실적을 내기 쉽다.**
  기업의 가치는 쉽게 변하지 않는 것이므로 매일매일 변화하는 가격에 집중해 예측하려고 한다면 기업의 본질에는 관심을 가지지 못하게 된다.

- **가장 인기 있는 산업에서 가장 인기 있는 주식은 피하라.**
  주식시장에서 인기가 있다는 것은 그 주식에 관심을 가지는 사람이 많다는 것이다. 따라서 그 기업의 주가는 적정주가보다 높을 가능성이 높다.

- **화초 뽑아내고 잡초에 물주기**
  일반투자자들은 보유한 종목 중 상승한 종목은 수익을 확정지으려 하고, 손실 중인 종목의 비중을 늘려서 평균 매수가를 낮추려는 경향이 크다. 이는 좋은 종목(화초)을 매도하고 나쁜 종목(잡초)을 매수하는 결과를 낳는다.

- **손절가를 가지고 매매하기**
  매수 기업의 가치를 판단하여 투자를 하였다면 일시적인 가격하락으로 인하여 매도 손절가를 정하는 것은 가치투자로 올바른 방법이 아니다.

- **파생상품에 투자하는 것**
  파생상품은 가치와 무관하게 미래의 가격을 확정지으려는 상품이다. 따라서 가치투자와는 무관한 상품이다.

⑤ **보유종목을 언제 매도할 것인가**

가치투자란 장기적인 관점으로 접근하는 것이다. 따라서 투자한 기업 가치에 부정적인 내용이 나오지 않는 한 결코 매도하지 말아야 한다. 기업의 주가에 비해 가치를 포함한 펀더멘탈이 악화되어 기업 내용이 취약해지면 그때 매도하는 것이다.


## 4) 피터 린치의 투자조언

① 하락장은 평소 사고 싶은 주식을 싸게 살 수 있는 절호의 기회다.
② 시장의 방향을 예측하는 것은 무의미하다.
③ 큰 성과를 보려면 수개월로는 힘들며 수년을 기다려야 한다.
④ 평범한 전망을 가진 종목을 싸다는 이유만으로 사는 것은 실패의 길이다.
⑤ 어떤 주식이 10배 주가가 올라도 그것을 갖지 못해서 내가 잃은 것은 없다.
⑥ 고수익 종목이라도 지속적인 기업 내용을 검토해야 한다.
⑦ 유리한 종목이 나오면 비중을 늘리고 반대면 줄여라.
⑧ 직접투자로 별 승산이 없다고 생각되면 뮤추얼 펀드를 사서 돈과 에너지를 절약해라.

## 3. 대가들의 가치투자방법 2_존 네프의 투자법(기초)

**존 네프**(John Neff, 1931~)

현직 펀드매니저들이 꼽은 '자신의 자산을 가장 맡기고 싶은 펀드매니저'로 선정

주요저서 :
가치투자 존 네프처럼 하라(2001)

## 1) 유년시절 및 성장기

존 네프는 어렸을 때 집안 사업이 파산하면서 경제적으로 어려운 환경에서 성장하였다. 그는 어릴적 세 가지 중요한 교훈을 얻었다. "첫째는 돈에 관한 한 감정적인 애착이 사람을 속일 수 없고, 둘째는 단지 하락한 기업이라고 해서 항상 현명한 투자는 아니다. 그리고 세 번째로는 지나친 음주는 사업이 아니고 개인적인 미덕도 아니다." 라는 것이었다. 그의 첫 번째, 두 번째 교훈을 통해서 엿볼 수 있듯이 그는 어린 시절부터 돈에 대한 애착이 남들보다 크고 강했다.

네프는 대학시절 벤저민 그레이엄의 제자인 시드니 로빈슨 박사의 강좌를 수강 후 직간접적으로 증권분석과 가치투자에 대하여 배우게 되었다. 대학 졸업 후 내셔널 시티뱅크에서 근무하면서 자신의 투자지식이 얕았다는 것을 인정하고, 이후 많은 양의 데이터를 수집하여 결과를 도출하는 연구에 몰두하였다.

## 2) 존 네프의 투자 성과

존 네프는 내셔널 시티뱅크에서 그의 창의적인 주식 선정을 규제하는 데 좌절했고, 1963년 증권분석가로서 윈저로 이직하게 되었다. 당시 윈저펀드는 지속적인 성장이 보장이 안 된 소기업에 집중투자하고 있었다. 윈저펀드 입사 후 11개월 후 존 네프는 윈저펀드의 운용자가 되었다.

그는 정교한 저 PER 투자를 통해 31년 동안 총 5,547%의 수익률(1964~95)을 기록했다. 이는 31년 중 25년간 시장 수익률(S&P500)을 능가하였다. 존 네프만의 종목 선정 기준인 PER투자기법을 이용하여 자신만의 투자원칙으로 막대한 투자성과를 달성하였다.

# 3) 존 네프의 투자관점

## ① 일반 투자자와 존 네프의 관심 주식 차이

| 구분 | 존 네프 | 일반 투자자 |
| --- | --- | --- |
| 관심주식 | 항상 인기가 없거나 간과되거나 오해받고 있는 주식 | 유명하고, 거래량이 많고, 좋은 뉴스로 가득한 주식 |
| PER | 낮다 | 높다 |
| 관심주식에 부정적인 뉴스가 알려질 경우 | 상대적으로 작게 하락 | 상대적으로 크게 하락 |
| 관심주식에 긍정적인 뉴스가 알려질 경우 | 상대적으로 크게 상승 | 상대적으로 작게 상승 |

## ② 존 네프 투자관점의 심리적 특성

> **▶ 인내심과 용기를 강조**
>
> 표면적으로 쇠락한 주식을 투자하기 위해서는 대중과 반대편에서 투자해야 할 용기가 필요하다. 오랜 기간 동안 일반적인 통념을 거슬러서 행동해야 하므로 인내력이 중요하다.
> 존 네프는 이런 용기와 인내심이 없다면 "힘든 상황에 적응할 수 없고 급하다면 돈을 장롱 속에 두는 것이 차라리 낫다." 라고 투자의 심리적인 면을 강조하였다.
> 또한 그는 투자에서 인내와 용기에 대해서 이렇게 강조하였다. "투자 성공을 위해서는 화려한 주식이나 강세 시장이 필요하지 않다. 판단과 용기가 우리의 전제조건이다. 판단은 기회를 가려내고 용기는 세상 사람들이 다른 방향으로 몰려가는 동안에 이것을 고수하도록 한다. 우리에게는 추한 주식이 자주 아름답다."

# 4) 존 네프의 흔들림 없는 투자원칙

**"최고의 전문가와 전문지식을 동원해도 내일의 주식시장을 예측할 수는 없다."**

## ① 종목 선별하기

투자처는 딱 두 가지, 첫 번째는 저 PER에 투자하며, 두 번째는 비인기주에 투자하는 것이다. 즉, 확실한 성장기업이 인기가 없을 때 매수하는 것이다. 기업의 내부적인 성장 동력이 확실하다고 판단한다면 PER의 확장을 기대해 볼 만하다.

→ 현금흐름과 ROE를 중요시하였다.

### ② 투자를 피하는 주식

- 지나친 다각화를 통해서 기업 성장에 집중력이 떨어지는 기업은 투자를 피하였다.
- 강세 시장의 흥분에 빠져 투자하거나 지나치게 고 PER 성장주는 주의하였다.
- 기술주식은 미래의 변동성이 커서 위험하고, 존 네프 자신이 시장에서 다른 사람에 비해 기술주식 분석에 '뚜렷한 우위'를 갖지 못 한다는 것을 인정하였다.

### ③ 가치투자한 종목을 매도하는 시점

매도를 하는 두 가지 이유가 있다.

- **첫 번째, "펀더멘털이 악화된 경우"**
  사용된 추정치가 처음 분석 당시의 기업의 내재가치가 변하거나 잘못될 수 있다. 만약 기업의 내재가치가 악화된다면 자존심을 버리고 신속하게 매도해야 한다.

- **두 번째, "저평가 수준에서 정당하게 평가되는 수준으로 가격이 상승하였을 때"**
  이제는 지나치게 많은 사람이 주식을 보유하므로 상승여력이 줄어들고 가치와 가격이 수렴하게 되었으므로 이익을 확정 짓는 시점이다.


## 5) 존 네프 접근법의 어려움

### ① 분석가에게 많은 지식을 요구한다.

존 네프는 철저한 분석의 관점을 가지고 있다. 따라서 회계, 재무, 전략 및 경제에 충분한 지식이 반드시 필요하다.

### ② 심리적으로도 많은 것을 요구한다.

투자에 항상 냉철하고 진지한 사고, 일관성 및 판단을 하고 자기 비판적 점검이 필요하다.

### ③ 중단기적으로 빈약한 실적을 가져다 줄 수 있다.

적어도 5년 이상의 투자 관점을 가진 사람에게만 적합하다.

# 4. 대가들의 가치투자방법 3_벤자민 그레이엄의 투자법(기초)

**벤자민 그레이엄**(Benjamin Graham, 1894~1976)

증권분석의 창시자이자 가치투자의 아버지로 불리우며 가치투자 이론을 만든 인물이다. 그의 제자로는 가치투자로 유명한 워렌 버핏이 있다.

주요저서 :
현명한 투자자, 증권분석

## 1) 유년시절 및 성장기

그레이엄은 1894년 런던에서 출생 후 어린 시절 아버지 사업의 확장을 위해 미국으로 이주하였고, 그 후 곧 아버지가 돌아가셨다. 그 때문에 벤자민 그레이엄은 경제적으로 풍족하지 못한 시절을 보냈다. 허나, 그는 학창시절 월반을 할 정도로 수재로 인정받았고, 언어에도 흥미가 있어 각종 언어를 독학하였다.
콜롬비아 대학졸업 후 월가에서 증권분석가 업무를 시작하였고 그레이엄의 재능은 곧 드러났다. 그는 계속된 투자성공에 "나는 31살에 모든 것, 또는 적어도 주식과 채권에서 돈을 버는 것에 대해 알아야 하는 모든 것을 알았다. 나는 월가에서 잘나가고 있고 내 미래는 내 야망처럼 끝없이 펼쳐질 것"이라고 그의 자신감을 공공연하게 표현하기도 하였다. 시간이 지난 후 그는 "나는 자만심이라는 나쁜 병에 걸렸다는 것을 깨닫기에는 너무 어렸다."라고 성공으로 인해 오만했던 당시를 회고하기도 했다.

## 2) 그레이엄의 투자 성과

1926년 그레이엄은 32세의 나이로 벤자민 그레이엄 조인트 어카운트 펀드를 직접 조성하였다. 하지만 펀드가 본격적으로 1929년 250만 달러의 자금이 운용되기 시작할 무렵에 자본주의 역사상 처음으로 세계 경제 대공황(1929~1932년)이 발생하게 되었고, 그 여파로 펀드의 70%의 손실이 발생하게 된다. 그는 처음 큰 실패를 맛 본 후 자살까지도 생각하였지만 대공황의 교훈을 바탕으로 1935년까지 과거 손실을 모두 회복하게 된다. 그는 대공황 기간 중에는 투자자의 손실을 보존하기 위해 봉급을 전혀 받지 않고 일을 하였다.
그는 1934년 가치투자의 지침서와 같은 '증권분석'을 발간하였고 1936년부터 20년에 걸쳐 연평균 7.4%의 실질수익률을 기록하였다.

## 3) 투자철학

대공황을 통해 얻은 안전에 대한 강조

### ① 투자와 투기의 차이 설정

벤자민 그레이엄은 시장의 가격 변동을 미리 예측하고 이익에 급급한 투기의 태도를 배척하였다. 그는 투자에 조급해 하지 않고 주식의 가치를 바탕으로 한 건전한 투자를 한다면 그 투자자는 부자가 될 수 있다고 하였다. 건전한 투자란 철저한 분석에 근거해서 투자를 하는 것으로 원금의 안전과 만족스러운 수익을 얻는 것이다.

### ② 세 가지 유형의 주식 매수자

주식을 매수하면 상당한 이익 가능성과 심각한 잠재적 손실에 직면

| 매수자의 유형 | 특징 |
|---|---|
| 현명하지 않은 투기자 | 적당한 지식과 기술이 결여된 매수<br>모든 원금이 위험에 노출 |
| 현명한 투기자 | 철저한 분석(확률에 기초)<br>원금에 대한 약간의 위험 |
| 투자자 | 철저한 분석, 원금의 안정성<br>드문 기회 |

### ③ 그레이엄의 철저한 분석

그는 대공황 당시에 입은 뼈저린 투자 손실의 경험으로 철저한 분석을 상당히 강조하였다. 주식에 투자를 할 때는 기업 소유자의 입장에서 현재의 시장가격보다는 미래의 수익력을 바탕으로 한 기업의 내재가치를 도출한 후 투자해야 한다고 강조하였다. 뿐만 아니라 실질적인 검증과 인터뷰를 통한 양적지표 이외에도 철저한 기초조사를 하였다.

## 4) 그레이엄이 제시한 '안전마진'이란?

**투자와 투기를 구분하는 지표 : 안전마진 = 추정 최저가격 – 시장가격**

더 이상 떨어질 수 없는 가치 추정치의 최저 가격과 시장에서 거래되고 있는 가격과의 차이가 '안전마진'이다. 투자에 실패하는 투자자의 대부분은 좋은 주식을 너무 높게(시장가격이 비쌀 때) 매수하는 경우가 대부분이다. 가치와 가격을 판단하지 못하는 사람은 주식을 투기하는 것이라고 하였다. 즉, 기업의 순자산가치와 시장가격을 비교하여 안전마진을 판단하고 최대한 안전마진이 클 때 투자하는 것이 이익을 극대화하는 방법이라고 하였다.

## 5) '가격의 변화를 친구로 만들어라'

일시적인 시장 낙관주의나 비관주의에 관계없이 자신의 판단을 고수해야 한다.

> ▶ **그레이엄의 Mr. Market 일화**
>
> 만약 당신이 개인회사에 1,000달러 정도의 지분을 가지고 있다고 가정하자. 동업자들 중에서 미스터 마켓이라는 사람이 매우 친절하다. 그는 매일 당신에게 당신이 보유하고 있는 주식의 가치에 대해 생각하는 바를 말해 주고 그 정도 수준에서 당신의 지분을 사겠다는, 혹은 당신에게 추가로 주식을 팔겠다는 제안을 해온다. 때때로 그의 가치평가가 그 회사의 실적이나 전망을 고려해 볼 때 그럴듯하고 어느 정도 타당성을 갖는 것처럼 보인다. 그러나 다른 한편으로 미스터 마켓은 자신의 열망이나 두려움의 감정에 치우치기도 하고 그가 제안하는 가치가 약간 어리석게 보일 때도 있다. 만약 당신이 신중한 투자자이거나 현명한 사업가라면 보유하고 있는 1,000달러어치 주식가치에 대한 판단을 미스터 마켓의 일별 판단과 정보에 맡기겠는가? 그의 의견에 동의하는 경우나 그와 거래하고자 하는 경우 이외에는 회사의 영업이나 재무상태에 대한 보고서를 기초로 당신이 보유한 지분의 가치를 스스로 판단하는 것이 현명할 것이다.
>
> – 벤자민 그레미엄의 '현명한 투자자' 내용 –

## 6) 그레이엄이 피하는 것

### ① 경기 또는 시장을 예측하지 말라.

투자하는 기업의 가치를 철저하게 판단하고 현재 시장의 주가와 비교하여야 한다. 섣부른 시장의 예측으로 하는 매매는 실패를 경험하게 된다고 그는 주장하였다.

### ② 기술적 분석을 사용하지 말라.

기술적 분석 역시 과거의 주가의 움직임을 통해서 미래를 예측할 뿐, 그 기업의 성장이나 수익성을 대변해주지는 못하므로 기술적 분석을 불신하였다.

### ③ 성장주 선택을 시도하지 말라.

시장참여자들은 현재의 성장이 계속 유지된다고 가정하는 경향이 크다. 그러나 항상 고성장을 하는 기업은 드물며, 따라서 성장주는 시장에서 고평가되는 경우가 많다.

### ④ 거품일 때 매수하지 말라.

시장 참여자들은 주가가 상승하고 내 주식의 수익률이 높아진다면 탐욕에 빠지게 된다. 이때에는 정확한 가치 판단이 흐려지게 되므로 시장에 거품이 낄 때는 주식 매수를 하면 안 된다고 하였다.

# 워렌 버핏의 위대한 동업자, 찰리 멍거

- 워렌 버핏의 사업 파트너이자 정신적 스승
- 버크셔 해서웨이의 부회장
- 웨스코파이낸셜의 총수

## 성공한 투자자 그리고 사업가

최고의 투자자 워렌 버핏이 운용하는 지주회사 버크셔 해서웨이에는 버핏만큼이나 주목할 만한 인물이 있다. 부회장인 찰리 T. 멍거가 그 주인공이다. 국내에는 상대적으로 덜 알려져 있지만 멍거는 늘 버핏과 동행하며 근 40년 간 일거수일투족을 함께 해온 평생지기이다. 그는 벤저민 그레이엄과 함께 지금의 워런 버핏을 만들어낸 장본인으로 평가받는다.

찰리 멍거는 버크셔 해서웨이의 부회장이자 두 번째 대주주이면서 캘리포니아 법률 전문지 중 최대 발행부수를 자랑하는 데일리저널 사와, 버크셔가 자본의 80%를 소유한 자회사인 웨스코파이낸셜의 총수로 있다. 아울러 멍거는 로스앤젤레스 지역에서 지칠 줄 모르고 사회 운동과 자선 사업을 행하는 사람이기도 하다.

## 투자는 단순하게 하라

찰리 멍거는 투자를 하며 '그랜드크로스'니 '추세선'이니 하는 분석법을 믿지 않는다. 그는 벤저민 그레이엄이 주창한 가치투자의 기본은 절대 사라지지 않을 것이라고 믿는다. 그레이엄이 말한 가치투자의 기본은 아래와 같다.

1. 한 개의 주식을 보유했다면 그에 비례한 경영권을 확보했다고 생각하라.
2. 안정적으로 수익을 얻으려면 내재가치와 비교했을 때 크게 할인된 가격으로 주식을 매입하라.
3. 예측하기 어려울 만큼 부침이 심한 시장을 당신의 주인이 아니라 하인이 되도록 만들어라.
4. 합리적이고 객관적이고 냉철한 사람이 돼라.

법칙 자체는 쉽다. 그러나 이 법칙을 철저히 지키기는 어렵다. 그래서 찰리 멍거가 늘 강조하는 건 가치투자를 하기에 '적절한 품성'이다. 참을성, 규범을 잘 따르는 품성, 냉정하지만 과감하고 결단력 있는 태도, 정직, 이데올로기에 휩쓸리지 않는 태도, 학구열 등으로 대표되는 '적절한 품성'의 면면을 들여다보면 도덕적이기까지 하다.

## 찰리 멍거의 투자전략

**▶ 초우량 기업에 집중 투자한다.**

멍거는 여러 기업에 분산 투자하지 않고 몇몇 초우량 기업에 집중투자하는 걸로 유명하다. 그는 한번에 3개 종목 정도만 투자하는 게 좋다고 말한다. 그의 집중 투자 철학은 최고의 아이디어에 가급적 많은 돈을 투자하자는 것이다.

**▶ 위험 없는 대박을 믿지 마라.**

멍거는 "누군가 당신에게 위험 없이 대박을 얻을 수 있는 기회가 있다고 말하거든, 그 이상 듣지 말고 귀를 닫아 버려라"라고 말한다. 믿기 어려울 정도로 좋은 건 없다는 게 멍거의 지적이다.

**▶ 초우량 기업이 장기적으로 탄탄한 수익을 창출한다.**

그때그때 초대박 테마주가 탄생하며, 우연히 이런 초대박 테마주를 건졌다면 한순간 엄청난 결과를 거둘 수 있다. 하지만 초우량 기업은 초대박 테마주보다 낮은 위험으로 장기간 수익을 가져다준다는 점을 명심해야 한다.

참조 : 〈찰리 멍거 자네가 옳아!〉, 재닛 로우, 이콘
〈워렌 버핏의 위대한 동업자, 찰리 멍거〉, 트렌 그리핀, 처음북스

# 한 번의 금광투자로 2,000억을 벌다, 고레카와 긴조

- 일본 주식시장의 신
- 실천파 이코노미스트
- 일본 소득세 납부 1위 기록

### 2,000억 원을 벌어들인 단 한 번의 거래

고레카와 긴조는 일본에서는 워렌 버핏보다 더 유명하다고 알려져 있다. 특히 그는 금융공황의 충격을 온몸으로 겪으면서 자본주의를 독학으로 3년간 철저히 연구한 끝에 일본 증권계에 나타나 경이적인 수익률과 정세판단 및 장세예측으로 증권계를 놀라게 했다.

단 한 번의 거래로 2,000억 원을 벌어들인 그의 일화는 유명하다. 니혼게이자이신문에 보도된 가고시마현의 고품질 금맥이 발견됐다는 작은 기사를 통해 '스미모토 금속광산' 주식매매를 시작했다. 일본이 태평양전쟁 당시 제철소를 경영했던 것을 바탕으로 금맥이 엄청난 가치를 지녔다고 판단한 것이다. 결국 스미모토 금속광산 매입에 성공한 그는 1983년 이전까지 재벌의 오너들이 차지해온 소득세 납부 1위의 자리를 차지하는 기염을 토했다. 그의 소득세는 지금으로부터 26년 전인 1983년 28억 9000만 원으로, 지금의 환율로 환산하면 300억 원에 육박한다.

### 거북이 3원칙

그를 유명하게 만든 두 가지 투자기법이 있는데 바로 '넝마주 투자'와 '거북이 3원칙'이다. 넝마주 투자법이란, 성장성이 있는 기업인데 전반적인 경제 상황에 의해 현재는 누구도 거들떠보지 않는 처지에 있는 주식을 사 모으는 것을 말한다. 그리고 '거북이 3원칙'은 그 넝마주에 어떻게 투자할 것인가에 대한 방법론이다. 고레카와는 '주식투자는 마치 토끼와 거북이의 경주와 같다.'고 생각하고, 스스로를 과신하여 중도에 몰락하는 토끼가 아니라 늦더라도 분명히 목적지에 도착하는 거북이가 되어야 한다고 결심했다. 이에 따라 '거북이 3원칙'을 정했는데 다음과 같다.

- 제1원칙 : 넝마주(가치주)를 사 모은 다음 가격이 오를 때까지 기다릴 것.
- 제2원칙 : 경제, 시세의 동향을 주시하며 항상 스스로 공부할 것.
- 제3원칙 : 지나친 욕심을 부리지 말고 수중의 자금 범위에서 행동할 것.

## 고레카와 긴조의 투자 5원칙

① 수면 하에 있는 우량한 것을 골라 지긋하게 기다려라.

② 경제, 시세동향으로부터 항상 눈을 떼지 말고 스스로 공부하라.

③ 과도한 욕심을 부리지 말고 늘 수중의 자금만으로 행동하라.

④ 종목은 스스로 공부하고 판단하는 것이다.

⑤ 2년 후의 경제변화를 스스로 예측하고 경제와 시세의 대국관을 가져라.

참조 : 〈고레카와 긴조〉, 고레카와 긴조, 이레미디어

# 주식투자로
# 수익내는
# 155가지 방법

## 왕초보탈출 1편


**지은이** | 양순모
**펴낸이** | 정영우
**편 집** | 김대호, 김종민
**디자인** | 이한빛, 곽소영, 박은숙
**펴낸곳** | 청개구리인베스트먼트(주)
**발행일** | 2016년 7월 7일
**정 가** | 11,000원

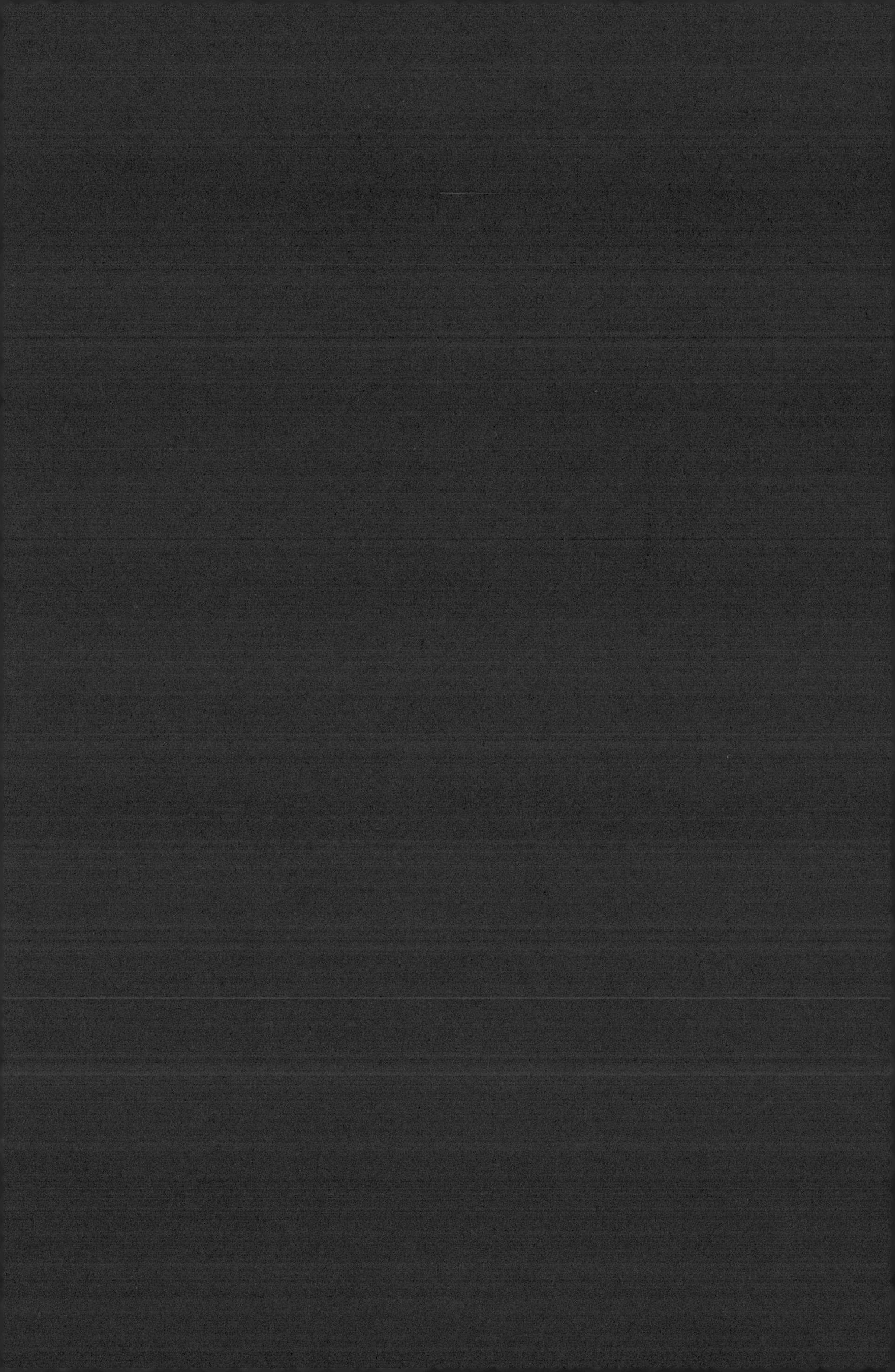